대한민국

군대를 말한다

대한민국 군대를 말한다

김진형 지음

맥스media

강한 군대에는 변하지 않는 원칙이 있다

나는 사관학교 시절을 포함하여 38년 동안 군에 몸담았다. 게다가 육군 장교인 아버지 덕분에 전국을 따라다니면서 성장했다. 평생을 군대와 함께 지낸 사람이라 해도 무리가 없을 것이다. 그래서였을까? 고등학교 다닐 때 어떤 망설임도 없이 군인이 되겠다는 생각을 가졌다. 그것도 육지가 아닌 더 넓은 세계, 깊고 푸른 바다를 향해 도전하겠다며 해군사관학교로 향했다.

사관학교 졸업 후 실제 부대에서 근무하면서부터 나의 눈은 달라지기 시작했다. 아니 달라질 수밖에 없었다. 외부자로서 막연히 바라보던 군대문화가 이제 내 삶의 문화라는 것을 뼈저리게 느꼈다. 무의식적으로 수용했던 수많은 의식행사, 예절, 절차 등 그 하나하나가 새롭고 낯설었다. '왜 이런 행사를 해야 하는지', '행사의 본질적인 가치는 무엇인지', '꼭 이렇게 해야만 하는 것인지' 등 많은 궁금증이 생기는 지점들이 있었다. 하지만 그저 해 오던 대로 하면 누가 특별히 시비를 걸 이유가 없어 마냥 그렇게 관습처럼 하고 있었다.

변화를 바라며 많은 고민이 이어지던 위관장교 시절, 보다 넓은 세상을 바라볼 수 있는 기회가 생겼다. 미국 육군화학학교로 유학 갈 기회가 온 것이다. 미 육군 위관장교들과 함께 8개월 동안 생활하면서 새로운 군대문화를 접하게 됐다. 자유로운 것 같지만 그들의 의식과 절차, 행동에는 그 나름의 가치와 권위가 배어 있었다. 이 뿐만 아니라 모든 군대 행사와 군대문화 속에는 본질적 의미와 핵심 가치가 담겨 있었다. 그런 사실을 두 눈으로 보고, 심장으로 느낄 수 있었다.

중령 시절에는 미국 해군지휘참모대학(U.S. Naval War College)에서 1년간 지휘관과정(Command Course)을 밟으면서, 40여 개 나라 해군 대령들과 동고동락할 수 있었다. 미국을 비롯한 유럽, 중남미, 동남아 등지에서 온 이들과 함께 그 나라의 군대 전통과 관습에 대해 토의할 수 있었다. 또 그들의 군대문화에 대하여 보다 상세히 접하게 됐다. 이후 미국 워싱턴 D.C.의 한국대사관에서 무관으로 3년여 근무하면서 미국 군대문화에 대해 집중적으로 연구

할 수 있었다.

무엇보다 세계 최고의 미국 군대가 어떤 문화와 고유의 가치를 발전시키면서 강한 군대로 진화해 가는지를 알 수 있었다. 그 경험은 나의 군 생활에 아주 큰 행운이었다. 어쩌면 군이 내게 부여한 운명이라 할 수 있는 기회였다. 그 때문인가? 우리가 보기에는 좀 허술하고 느슨해 보이는 미국 군대문화가 우리 군대보다 더 엄격한 통제에 따라 움직이는 것을 알게 되었다. 미국 군대는 군법과 여러 가지 규정에서 우리 군대보다 더 비민주적이라 할 만큼 엄격하고 가혹한 측면이 있다. 그 본질적 이유는 지금도 세계 어딘가에서 전투를 하는 미국 군대의 특성에서 비롯되었다고 생각한다.

미국 군대는 법과 규정만으로 움직이는 것이 아니다. 사회의 일반 조직과 동일한 고유의 조직문화와 핵심 가치를 가지고 있다. 이런 군대문화와 조직의 핵심 가치는 미국 군대를 강하게 만드는 정신적 바탕이 된다. 이 핵심가치는 국민들로부터 존경받고 신뢰받는 근본이 되고 있다는 것도 부정할 수 없는 사실이다.

미국 군대의 독특한 조직문화는 시대의 변화에 따라 발전하기는 하지만, 그 문화를 지탱하는 조직의 핵심 가치는 변하지 않고 지속되고 공유되고 있다. 그 핵심 가치는 그들의 소중한 가치관이 되어 군 생활의 윤리적 사고와 행동의 기준이 되고 있다. 그 기준이 나에게도 군대의 변하지 않는 제1의 원칙이 되었다.

우리나라 군대는 일제강점기와 미군정 시대, 6·25전쟁을 겪으면서 어떤 경우에는 일본식, 어떤 경우에는 미국식으로 군대의식과 문화가 혼재되어 있는 듯하다. 특히 군사정권 시절을 지내면서 권위주의적인 군대문화, 절대자 중심의 문화가 형성되었다.

그런 탓인지 군대문화 하면 우리 사회에서 그렇게 좋은 뜻으로 받아들이지 않는다. 강압적이고 권위주의의 잘못된 사례로 군대문화라는 말을 공공연하게 쓴다. 그럴 수밖에 없는 이유 중 하나가 우리 군대에는 모든 공공 조직이나 기업이 가지고 있는 핵심 가치라는 것이 없기 때문이다. 군대의 임무와 사명은 명시되어 있지만, 군인들이 지향해야 할 윤리와 행동의 기준이 되는 핵심 가치를 설정해 놓지 않았다. 쉽게 말해 조직문화를 형성하는 알맹이가 없는 것이다.

나는 청장년 시절을 포함하여 40년 가까이 군이라는 울타리 안에 있었다. 내 나름대로 우리 군에 대한 책임감으로 우리 군대의 변화와 혁신을 위해 고민해 왔다. 본질적 가치에 충실한 군대, 국민들로부터 존경받는 군대 문화를 만드는 데 많은 노력을 기울였다. 그러나 역부족이었다는 점을 고백하며 이제 새롭게 성장하는 후배 군인들이 발전시켜 주기를 바라는 마음 간절하다.

나의 작은 눈과 소견으로 미국을 비롯한 다른 나라 군대문화의 전부를 다 보고 이해하지는 못했다. 하지만 내가 직접 경험하고 느낀 내용들을 정리하면서 군인으로 살아온 내 인생의 화려하고 감사했던 시절에 마침표를 찍고자 한다. 지금부터는 홀가분한 마음으로 혁신성장을 통해 담대한 비전을 달성해 가는 군대를 힘차게 응원하는 민간인으로서의 삶을 살고자 한다.

30여 회 이삿짐을 싸고 들고 다니면서 군인의 여정을 함께해준 아내 양선경과 늘 부족함에도 잘 성장해준 딸 민지, 아들 태환 그리고 자랑스런 군인의 길을 걷게 해주신 부모님, 늘 격려해 주시는 장인, 장모님, 형제 가족들에게 감사를 드린다. 내 군 생활을 보람되게 만들어준 선후배와 동료, 부사관, 병사 등 전우들에게도 진정 고맙다는 인사를 전한다. 마지막으로 한 권의 책을 출판하기까지 기획과 수정, 간행을 위해 힘써 주신 박영배 사장님께도 감사를 드린다.

2017. 늦가을에

설악의 울산바위에서 동해를 바라보며

青野 김진형 예비역 해군제독(소장) 씀

차례

제2부
언어와 문화

제3부
단상문화와 소통

제4부
장교, Commissioned Officers

제5부
리더십

제 1 부

군인은 누구인가

1
가고 싶은 군대 안 가고 싶은 군대

KBS2에서 방영되었던 드라마 〈태양의 후예〉는 한국과 중국에서 큰 인기를 누렸다. 이 드라마에서 배우 송중기는 태백부대 소속 모우루중대 중대장(알파팀 팀장)이다. 그는 공부도 잘하고, 운동도 잘했는데 육사를 선택한다. 관자놀이에 총구를 들이대도 아닌 건 아니라며 군인의 명예를 지켜내는 인물이다. 그 밖에도 다양한 개성의 군인들이 등장한다. 선풍적 인기를 끌었던 〈태양의 후예〉 덕분에 직업군인에 대한 관심이 높아졌다.

군 장교나 부사관이 되겠다는 사람들이 부쩍 늘어난 것이다. 경제가 어렵고 취업이 어려운 현실에서 안정된 직업으로서 장교나 부사관은 분명 매력적이다. 물론 국가를 위해 제복을 입고 군 전문가로서 나라를 지키는 일에 헌신하겠다는 사명감도 당연히 있다.

현재 각 대학과 전문대학은 오래전부터 시행해 오던 학생군사교육단(ROTC) 이외에 군사학과를 설치해 장교를 양성하고 있고, 부사관학과도 개설했다. 그만큼 군인으로서, 전문성이 향상되고 있다. ROTC를 포함하여 군사학과 출신 장교와 부사관들은 일정 기간이 지나면 심의를 거쳐 장기복무 군인이 된다. 그런데 이 경쟁률이 매우 치열하다. 장기복무자로 선발되지 못하면 사회로 복귀하여 새로운 일자리를 찾아야 하는 고충이 따른다. 이 때문에 장기복무에 대한 관심과 열망이 매우 높아져 때때로 과열양상까지 보일 정도다.

직업적 매력이든 국가에 대한 충성심이든 군인이 되고자 하는 젊은 사람들이 많아진 건 사실이다. 특히 여성의 경우는 놀랄 만큼 증가하는 추세다. 점점 더 여성의 역할이 확대되고 있는데다 신체조건도 좋아져서 어지간히 힘든 일도 남성 못지않게 해낸다. 미국은 그동안 금녀의 영역이었던 잠수함 승조원에도 여성이 진출했다. 호주에서는 이미 잠수함에 여성이 승조원으로 근무하고 있다.

미국엔 중학교와 고등학교 과정을 아예 사관학교 식으로 운영하는 밀리터리 스쿨(Military School)이 오래전부터 운영되고 있다. 본인과 부모가 사관학교 형태의 통제되고 절제된 교육을 받기를 원하면 이 학교를 선택할 수 있다. 나는 미국에서 근무할 당시 중학생이었던 아들을 버지니아에 있는 역사가 오래된 밀리터리 스쿨에 입학시켰다. 머리를 짧게 자르고 사관학교 생도 같은 복장을 한 학생들은 응당 기숙사에서 통제된 생활을 했다. 모든 학과 공부는 여느 일반 사립학교와 같은 형태로 이루어진다. 주말에는 면회 온 부모가 보는 앞에서 군대식 퍼레이드도 보여준다. 그럼 박수갈채가 터져 나온다. 도널드 트럼프 대통령도 뉴욕시 북쪽에 있는 유서 깊은 군사학교인 뉴욕 밀리터리 스쿨을 나왔다.

미국의 중학교나 고등학교는 청소년사관 즉 주니어(Junior) ROTC 과정도 운영할 수 있다. 현재는 3200여 개의 학교에서 이 프로그램을 운영하고 있다. 절제된 생활을 통해 책임감과 성취감을 고취시켜 국가와 사회에 필요한 리더십을 함양시키는 데 그 목적이 있다. 이 과정을 이수한 사람이 대학 ROTC에 입대하면 2년의 교육이 면제된다. 병사로 입대하면 곧바로 상병계급으로 인정된다.

얼마 전 우리나라에도 사단법인 한국주니어사관연맹(JROTC)이 창립됐다. 현재 10여 개 고등학교에 설치되어 운영 중인데 아직은 학생들이 자발적으로 참여하는 동아리 형태로 초보적 단계이지만 어린 시절부터 전문적인 직업군인의 꿈을 키워나갈 수 있는 제도로 발전되기를 바라는 마음이다.

직업군인이 가지는 부담은 동서양 모든 나라가 똑같다. 위험한 무기를 다루며 각종 사건, 사고의 위험성을 안고 살아간다. 유사시 적과 싸워야 하는 긴장감, 가족과 함께하는 시간의 부족함, 근무 지역을 자주 옮겨 다녀야만 하는 불편함 등 한두 가지가 아니다. 그러나 제복을 입고 늠름한 모습으로 국가와 사회를 위해 헌신한다는 자부심과 긍지, 국민들로부터 받는 존중과 리더로서 느끼는 자랑스러움 등 매력도 넘친다. 장기복무를 하게 되면 직업의 안정성이 보장된다. 근무기간 동안에 관사가 제공되며 20년 이상 복무하면 연금이 보장되는 것도 군인의 길을 선택하는 중요한 요인이라 할 수 있다.

장기복무자 뿐만 아니라 병사들에게도 군대는 가고 싶은 곳이 돼야 한다. 비록 마음에 없이 입대했다 하더라도 제대할 때는 자랑스러운 마음이 들게 말이다. 군대에서 뭔가 배우고, 느낄 수 있는 환경이 만들어진다면 병사들 스스로 가고 싶은 곳이 되지 않을까.

나는 장성 시절에 늘 운전병과 함께 다녔다. 그런데 대부분의 운전병은 군에 오기 직전에 운전면허를 땄고 훈련소에서도 충분한 교육이 이루어지지 않아 서투르기가 이루 말할 수 없다. 미숙한 어린 운전병이다 보니 차량 이동 중에는 항상 운전병보다 더 긴장해야 했고 주변을 살피고 미리미리 주의를 줬다. 행여 심하게 질책하면 되레 더 나빠질 수도 있을까 봐 함부로 말도 할 수 없었다. 나중에 이 운전병이 전역하면서 남긴 말을 잊을 수 없다.

"운전 하나는 제대로 배웠습니다. 고맙습니다. 사령관님의 배려 덕분에 군대에 대한 인상이 아주 좋아졌습니다."

그렇다. 군대라는 곳은 통제된 생활을 해야 하니 혈기 왕성한 청년들한테는 숨 막히는 기간일 것이다. 그렇지만 이 기간이 인생의 암흑기가 돼서는 안 될 일이다. 나와 함께 근무하던 어떤 병사가 전역 전 회식 자리에서 했던 이야기가 아직도 귓가에 맴돈다.

"지금까지 학교생활을 하고, 학원을 다니고, 시험을 보고, 늘 경쟁 속에서 살아왔습니다. 대학 입학이라는 것도 결국은 남과의 경쟁이고, 앞으로 취업 전쟁 또한 다른 사람과의 치열한 경쟁일 것입니다. 나 자신을 돌아볼 시간이 없이, 생각해 볼 겨를도 없이 살아왔습니다. 그런데 군대에 와서 보니 군대는 남과의 경쟁이 아니라 나 자신과 경쟁하는 곳이라는 것을 깨달았습니다. 힘든 훈련을 견뎌내는 것도 남과의 경쟁이 아니라 자신과의 싸움이었고, 추운 겨울날 근무 서는 것, 한여름 땡볕에서 페인트를 들고 일하는 것도 나 자신과의 싸움이었습니다. 한밤중에 홀로 근무를 설 때 어두운 밤바다에서 들려오는 파도 소리를 들으며 그동안 해보지 못한 자신과의 대화를 할 수 있었습니다. 나의 진정한 가치를 깨닫게 해준 군대생활이 너무 소중했습니다."

이 병사는 군대에 오기 전에 악기를 다루었는데 그 악기가 튜바라고 했다. 왜 낯선 악기를 연주하느냐고 물었다. 튜바가 금관

악기 중에 음이 가장 낮아 그 소리에 매력을 느꼈다고 대답했다. 가장 낮은 음을 내는 금관악기를 연주한다던 병사의 한마디는 내게 가장 높은 울림으로 들려왔다. 군대복부 기간이 자신과의 싸움임을 깨우친다면, 그래서 자신의 진정한 모습을 발견할 수 있는 기회라면 인생에서 헛된 시간은 결코 아닐 것이기 때문이다. 난 지금도 그 병사와 자주 연락을 한다. 내가 전역식을 할 때도 지방에서 올라와 축하해 주었다.

군대의 기원

인류 역사는 전쟁의 역사라 해도 지나친 표현이 아니다. 동서양을 막론하고 역사 속에서 전쟁이 없었던 적은 거의 없었다. 원시시대부터 사람들은 평소에는 수렵, 경작, 목축을 하다가 전쟁이 발생하면 무기를 들고 나가 싸웠다. 이후 농업과 목축으로 정착생활이 가능해지면서 인류는 농경사회로 발전해갔다. 기술과 도구의 발달로 생산성이 높아졌고, 잉여 농산물이 생기면서 소위 부(富)라는 개념이 생겼다. 더불어 사회적 분화도 진행되어 필연적으로 부를 지키고, 빼앗는 일이 발생했다. 전쟁이 일상화된 것이다. 특정 계급이 전쟁을 담당하게 됐고, 전쟁을 전문적으로 행하는 집단이 생겨났다. 군대가 등장하게 된 배경이다. 이후 국가가 형성되면서 군대는 국가의 존립과 발전을 위한 핵심 요소로 자리 잡았다.

기원전 4500년경, 이미 메소포타미아 지역에서는 셈 왕조와 남부 수메르 왕국 간의 집단적 무력 충돌이 있었음을 기록하고 있다. 동양에서는 기원전 1600년경 중국 황하 문명의 은(殷) 왕조 시대에 주변 국가들과 빈번한 전쟁이 있었다. 당시 상황을 기록한 상서(尙書)에 따르면 은나라는 강력한 군대를 기반으로 국가를 통치한 것으로 보인다. 우리나라의 경우 이 시기에 고조선이 만주와 한반도 북부에 자리 잡아 주변국들과 견제하며 세력을 유지하고 있었다.

기원전 7세기경, 철기가 발명되면서 농·축·수산물의 수확과 생산성이 크게 늘어났고, 동시에 더욱 강력한 무기를 만들 수 있었다. 청동기 시대에는 소수의 귀족들만 무기를 소유할 수 있었으나 철제 무기가 다량 생산되면서 무기 소유가 일반화 됐다. 군대는 철제 무기로 무장해 부를 지켰고, 전쟁은 더 많은 부를 만들기 위한 중요 수단이 되었다.

17세기 중반, 서양의 봉건주의가 사라지고 절대왕조 시대에 들어서면서 상비군이 출현했다. 군대는 국가에 예속된 조직으로 통합됐다. 국가의 부(富)가 지속적으로 커지고 국가전략의 범위가 확장되고 군대의 규모도 커갔다.

근대에 들어서 군대의 성격 변화에 결정적인 영향을 미친 것은 프랑스혁명이었다. 이때부터 군주들의 사유물로서의 군대는 존재 가치를 상실하고, 징병제도에 의한 국민군 창설이 유럽 각국에서 추진됐다. 국민 스스로가 국가를 위해 무기를 들고 전장에 나갔다. 이 같은 국민 군대가 근대국가의 상징이 되어 오늘에 이르고 있다.

군대는 인류문명과 함께 시작된 조직이고, 동서양을 막론하고 보편적으로 존재하던 집단이다. 역사가 발전하면서 군대도 외부의 적으로부터 국가의 안전을 지키고 국민의 생명과 재산을 보호하여 국가의 존립을 보장해 주는 전문 조직으로 성장해 왔다.

우리 군의 변천사

우리나라 역사를 들여다보면 고조선, 부여, 삼한 등 초기 부족 연맹체가 고대국가로 발전하는 단계에서 수많은 전쟁을 치렀고 더불어 군대규모도 커져 갔다. 또한 사회 계급의 분화가 심화되면서 귀족과 평민, 노예로 계급 구조가 강화됐다. 전쟁은 중요한 국가적 사안인 만큼 지배층인 귀족과 평민의 몫이었다.

우리 민족이 고대국가를 이루고 외부로부터의 침략을 물리치면서 고유한 문화와 전통을 수립하며 발전을 거듭할 수 있었던 원동력은 국가가 위기 상황에 처했을 때마다 맹활약한 막강한 군대와 국민의 호국정신에 있었다.

그러나 국가가 안정기에 들어서면서 문치주의로 돌아서, 무신들의 사회적 지위는 상대적으로 약해졌다. 심지어 무신들이 맡아야할 군사적 직책마저 문신들의 차지가 되었다. 고려시대에는 16세에서 60세 사이의 양민은 군역을 졌다. 관리의 등용문인 과거시험 제도도 시행했지만 무과는 고려 말기에야 비로소 실시되어 조선에 계승되었다. 고려는 995년 당나라 제도를 받아들이면서 양반 제도를 확립했는데 문반은 정치를, 무반은 군사를 담당했다.

조선시대에도 16세에서 60세까지 양인들은 군역을 져야 했다. 이를 양인개병제라고 부른다. 양인은 천민을 제외한 모든 사람을 일컫는 말이고, 개병은 법에 따라 모두가 병역의 의무를 가지는 것을 이른다. 양인들은 평소에는 농사를 짓다가 순번이 되면 매년 1~2개월씩 군인으로 복무했다. 그러나 실질적으로는 문치주의를 기본으로 하는 관료체제를 확립함으로써, 사회 지배계층은 군사 지도자가 아닌 인문적 교양을 갖춘 유림으로 충원했다.

그 결과는 임진왜란이 터진 후 명명백백히 그러나 아프게 나타났다. 조선군의 가장 큰 약점은 군의 지휘체계가 제대로 서 있지 않은 것이었다. 군대를 이끄는 지휘관들은 대부분 군 경험이 없는 문신들이었다. 왜군이 침략했는데 군대는 무기력했고 국토는 철저히 유린당했다.

그나마 각 지방에서 자발적으로 일어선 의병들 덕에 민족은 폭풍우 앞의 촛불 같은 처지에서도 생존할 수 있었다. 조선의 의병은 세계 역사에서 유례를 찾아볼 수 없는 형태였다. 서양 역사에도 의병은 있었지만, 귀족들이 자신의 영토를 지키기 위해 나섰거나, 보수와 권력을 담보로 한 용병이었다. 그러나 조선의 의병은 오로지 국가를 구하겠다는 의지와 일념으로 양반이든 상민이든 자신의 재산을 팔고 식솔과 일가친척, 노비까지 다 동원해 전쟁터로 함께 나갔던 독특한 형태였다.

하지만 임진왜란의 상흔이 채 가시기도 전에 병자호란이 일어났고 조선의 왕은 직접 청의 황제 앞에 무릎을 꿇어야 하는 삼전도의 굴욕을 겪었다. 이런 수모를 당하고도 조선은 강력한 군사력을 갖추는 데 소홀했다. 오히려 각종 부조리와 부패가 난무해 군역제도는 더욱 문란해졌다. 이 때문에 조선의 군대는 자신의 국가마저도 스스로 지키지 못하는 오합지졸로 전락하고 말았다. 결국 구한말에 일제에 의해 군대가 강제 해산되는 수모를 당했다.

치욕적인 일제 강점 이후에 국내에서 활동거점을 상실한 의병들은 만주와 연해주로 이동했다. 독립군을 결성하여 적극적이고 조직적으로 무장투쟁을 전개했다. 임시정부가 수립되고 광복군을 창설하여 연합국과도 함께 작전을 하는 등 조국을 되찾기 위한 항일 투쟁을 계속했다. 임시정부의 정규군인 광복군은 의병과 독립군의 정신을 계승한 무장단체였으며 광복 이후 정부 수립과 함께 창설된 국군의 정신적 뿌리가 되었다.

민병대에서 제복 입은 시민으로

미국은 세계 군역사상 가장 독특한 방식으로 군대문화를 발전시켜 온 나라이기에 간단히 짚어보려 한다. 미국은 징병제가 아닌 모병제를 채택하고 있는 나라이다. 일괄적으로 징집하여 군대를 유지하는 것이 아닌, 지원에 의해 직업군인들을 모집해 군대를 유지하는 제도가 모병제이다. 그러나 미국은 전쟁이 발발할 시에는 병력 수요를 원활하게 하기 위해 언제라도 징병제로 전환할 수 있도록 융통성을 두고 있다. 그래서 18세에서 26세 사이의 남성이라면 모두 선발징병 시스템에 등록해야 한다. 이는 등록 당사자가 미국 국군에 복무할 수 있음을 알리는 것이다.

미국의 군대는 태생적으로 다른 나라들과는 다르다. 유럽에서 대서양을 건너 미국 동부해안에 이주한 개척자들은 모국에서의 차별대우, 특히 종교적 차별을 피해 자유와 기회를 찾아 온 사람들이었다. 이주자들은 정착 과정에서 사냥과 생존을 위한 자체 방어 조직을 필요로 했다. 특히 인디언 원주민들과의 싸움에 대비하려면 잘 조직된 민병대를 편성해 운용해야 했다.

영국으로부터 독립을 달성하기 이전까지 미국 동부지역은 13개의 식민지로 이뤄져 있었다. 영국은 식민지 거주자들에게 입법과 통치에 대한 아무런 권한을 주지 않고 과중한 세금만 부과했다. 이런 불공정한 식민지 정책에 불만을 품은 식민지 개척자들은 스스로 독립을 쟁취해야 한다는 절대적 사명을 품고 1775년 4월 영국과의 독립전쟁에 돌입했다. 미국 대륙회의(Continental Congress)는 육군과 해군 그리고 해병대를 창설해 조지 워싱턴을 총 사령관으로 추대했다. 당시의 군대는 자주독립을 위해 시민들이 자발적으로 참여한 민병대의 형태였다.

1776년 7월 4일에 독립을 선포한 이후, 이 민병대는 점차 체계를 갖춰 군대로 발전했다. 혁명전쟁(Revolutionary War)이라고 불리는 독립전쟁을 통해 미국은 그동안 지구상에 없었던 새로운 형태의 국가와 군대를 창설했다. 국민에 의한, 국민을 위한, 국민의 국가를 탄생시키고, 역사상 최초로 국민이 국가 통수권자인 대통령을 선출하는 선거제도를 만들었다.

고대부터 모든 국가들은 왕권을 지키기 위해 또는 주변 국가들을 정복하기 위해 군인을 양성하고 군대를 조직했다. 특히 16~18세기의 절대 왕권 시대에는 군대는 오로지 왕을 위해 존재하는 조직이었다. 그러나 1789년 프랑스가 시민 대혁명으로 공화국을 탄생시키면서, 군대는 왕의 소유물에서 국민의 군대로 변모하게 되었다. 프랑스의 이러한 변화는 미국 독립전쟁에서 비롯된 것이다. 미국의 독립전쟁을 혁명전쟁이라고 부르는 이유도 여기에 있다. 일반 시민에 의한 왕정 거부 혁명이었고, 강요되지 않은 국민 스스로의 힘으로 군대를 만들어 독립을 쟁취한 것이기 때문이다.

이렇듯 미국 군대는 근본적으로 자유를 찾기 위한 국민의 자발적 참여로 시작된 것이고, 국민으로서 당연히 가져야하는 애국심에 기초한 것이었다. 그래서 미국에서는 군인을 "제복 입은 시민"이라고 부른다. 현재 국방부 산하에 육군, 해군, 공군, 해병대가 편성되어 있고, 해안경비대는 국토안보부가 통제한다. 각 주는 주지사 통제 하에 자체적으로 육군과 공군을 보유한다. 그러나 이러한 모든 군사조직은 국방부 통제 하에 총사령관인 대통령의 지휘를 받는다.

군인이란

노블레스 오블리주가 아닌 오블리주 노블레스

"한국인이라는 정체성이 있기 때문에 한국인이라면 꼭 군대에 가야 한다고 생각한다." 2012년 미국 하버드대학교 수석 졸업의 영광을 차지했던 진권용(25) 씨가 어느 인터뷰에서 했던 말이다. 하버드대 학부에서 한국 국적의 유학생이 전체 수석으로 졸업한 것은 진 씨가 처음이었다. 진 씨의 졸업학점은

4.0 만점에 4.0이었다. 그는 남들이 4년 걸리는 학부 과정을 3년 만에 마쳤고 경제학과 수석 상(존 윌리엄스 상)과 최우수 졸업논문상(토머스 홉스 상)도 받았다. 진 씨는 현재 대한민국 군인으로 법무사관 제87기로 임관하여 군 법무관으로 복무중이다. 자기가 약속한 말을 지킨 것이다.

소위 금수저로 불리며 빽 있고 돈 있는 일부 가진 자들의 병역에 대한 생각과는 너무도 대조적이다. 수단과 방법을 가리지 않고 병역의무를 기피하려는 사람들에게 꼭 해주고 싶은 말이 있다. "병역기피는 가진 자들의 권리가 아니라, 병역이야말로 가진 자들의 의무다." 병역은 국민으로서 너무나도 당연한 기본 의무다. 의도적으로 기피하는 것은 남을 등쳐 먹고 사는 것이나 다름없다.

▽ 공군 특수 임무 수행 부대가 훈련을 하고 있다. 병역은 가진 자들이 더 높은 의무감을 가져야 한다.

그저 치사하고 비겁한 인간일 뿐이다. 군복무는 인생에서 버려지는 시간이 아니다.

우리나라는 징병제(徵兵制) 국가다. 국가가 국민을 대상으로 국가를 방위할 병역 의무를 강제로 부여하는 제도이다. 하지만 대한민국이 처한 현실에 비출 때 징병이라는 의미보다 주권을 가진 국민이 스스로 이행하는 병역 의무제라고 정의해야 옳을 것이다.

역사적으로 병역 의무는 근대 국가의 가장 본질적인 특성 중 하나다. 지금은 상징적이지만 국왕이 존재하는 영국, 태국 등의 나라에서는 군대에 로열(ROYAL)이 붙는다. 왕을 위해 존재했던 군대의 전통 때문이다. 프랑스혁명 이후 등장한 근대국가에서 군대는 왕실 군대가 아니라 국가의 군대, 국민의 군대로 바뀌었다. 서양에서는 한때 용병부대가 있었다. 용병은 국적과 상관없이 계약에 따라 돈만 주면 전쟁에 나갔다. 이들의 최우선 목표는 전투에서 승리하는 일보다 자신의 목숨을 잘 보존해 계속 돈을 버는 것이었다. 져서는 안 되겠지만, 그렇다고 굳이 잘 싸울 필요도 없었다. 돈벌이가 주목적이었고 사명감이 없었기 때문이다.

고대 그리스와 로마의 역사를 보면 귀족은 전쟁이 발생했을 때 자발적으로 무장을 하고 뛰어나가 국가를 위해 싸운 사람만이 그 지위를 유지할 수 있었다. 참전 경험이 없으면 참정권을 포함해 시민으로서의 권리가 제한되고 지도층의 반열에 오를 수 없었다.

흔히 이야기하는 귀족의 의무라고 말하는 노블레스 오블리주

(noblesse oblige)보다는 오히려 오블리주 노블레스(oblige noblesse)가 더 정확한 개념이라고 생각한다. 의무를 다한 자가 진정한 귀족이 될 수 있다는 뜻이다. 한 국가의 성인 남성이 감당해야 할 병역은 주권자의 한 사람으로서 당연히 감당해야 하는 명예로운 의무였던 것이다.

우리나라 헌법 1조 1항과 2항은 이렇게 되어 있다.

> ① 대한민국은 민주공화국이다.
>
> ② 대한민국의 주권은 국민에게 있고, 모든 권력은 국민으로부터 나온다.

그렇다. 병역의무는 바로 헌법 1조의 주권재민(主權在民) 사상에서 비롯된다. 근본적으로 병역의 의무는 근대국가의 가장 본질적인 특성이다. 주권재민이란 국가의 주권자는 국민이란 뜻이다. 나라의 주인은 국민이고, 주인의 가장 큰 의무는 자신의 힘으로 자신의 나라를 지키는 것이다. 민주국가에서 국민의 군대는 스스로의 힘으로 자기 나라를 지키겠다는 굳은 주권의식과 사명감에 바탕을 둔다. 병역의 의무는 스스로 국가의 주권자로서 명예롭게 감당해야 할 가장 기본적인 책무인 것이다. 결국 자기 나라를 위해 자신을 바치는 자만이 주권자로서의 자격을 갖춘다는 뜻이다. 선진국에서는 지금도 사회 지도층의 자제들이 앞장서 전쟁터로 나가고 국가의 부름에 나섬으로써 사회적 존경을 받고 있다.

이런저런 편법을 이용해 병역을 기피하는 사람은 주권자로서의 가장 기본적인 의무를 다하지 않는 것이다. 당연히 고위 공직에 진출할 수 없어야 한다. 본인 스스로가 나서지 말아야 한다. 우리와 같이 아직도 전쟁이 끝나지 않은 나라에서 공직에 나가려면 당당히 군 복무를 마치는 것이 기본전제가 되어야 한다. 물론 정당한 사유로 군을 면제 받는 것은 인정되어야 한다.

운동선수가 올림픽에서 메달을 따서 병역을 면제 받는 것도 이제는 다시 생각해볼 때가 된 것 같다. 국가의 명예를 높이는 큰일을 한 것은 존중받아야 마땅하지만, 병역의 의무는 나라를 지키는 일이다. 병역은 흥정과 거래의 대상이 아니다. 면제 여부와 무관하게 "병역을 이행하겠다."고 말하는 선수가 보고 싶기도 하다.

젊은 청년들에게 군 생활은 구체적으로 당장의 이익을 주지는 못한다. 그렇지만 제복을 입고 주권자로서 책무를 다 하는 것. 그것은 민주시민으로서 최고의 가치다. 국가는 자랑스럽고 보람된 군 복무가 될 수 있도록 환경과 여건을 만들어 주어야 한다. 모든 국민은 군복 입은 군인을 존중하고 그들에게 경의를 표하고, 국가는 그 헌신에 합당한 혜택을 부여하는 것에 인색하지 말아야 한다.

국가라는 조직에서 정당하지 않은 방법으로 병역을 기피하는 것은 국민으로서 기본적인 의무를 저버리는 것일 뿐 아니라, 국민으로서 권리까지도 스스로 포기하겠다는 행위나 다름없다.

군인은 명예를 먹고산다

1996년 5월 미국 제25대 해군참모총장 제러미 부다(Jeremy M. Boorda) 제독이 자살한 사건이 있었다. 언론이 현직 참모총장의 정복 상의에 부착된 베트남 참전 전투기장 부정 착용 의혹을 제기하자 스스로 생을 마감한 것이다. 부다 제독은 1956년 해군에 병으로 입대했다. 이후 장교로 임관해서 구축함 함장과 항공모함 전투단장 등을 거쳐 병 출신으로는 최초로 해군의 정상에 올랐던 그야말로 입지전적인 인물이라 더욱 세간의 주목을 받았다.

월남 참전 미국 군인들이라면 월남 참전 기장(훈장이 아님)은 누구나 받을 수 있다. 하지만 전투기장은 전투에 직접 참여한 군인만 받을 수 있다. 전투기장에는 가운데에 V자가 들어간다. 부다 제독은 해군 장교로 월남전에 참전했지만 직접 전투에 참여한 적은 없었다. 참전기장은 받을 수 있지만, 전투기장 해당자는 아니었다. 그런데 정복이나 예복의 좌측 가슴에 월남전 전투기장이 달려 있었던 것이다. 이를 눈여겨본 기자가 '전투기장을 달 자격이 없는 사람'이라면서 시비를 걸었고, 이것이 문제가 되어 해명을 해야 하는 상황에 이르렀다. 주간지 〈뉴스위크〉는 이에 대한 진위 여부를 듣기 위해 회견을 요청했다. 당시 해군본부에 있던 켄델 피스 해군제독은 "부다 제독이 사망하기 수 시간 전 〈뉴스위크〉의 V메달과 관련된 질의를 염려했다."면서 "그는 메달에 대해 그들(뉴스위크)에게 진실을 얘기하겠다."고 말했다고 전했다.

하지만 그는 이날 회견이 있기 불과 몇 시간 전에 돌연 생각을 바꿔 자신의 삶을 정리했다. 다음은 유서의 일부이다.

"내가 비록 직접 전투는 하지 않았어도 임무 수행 중 늘 적의 저격에 노출되는 위험에 있었고, 늘 전투 준비를 하고 임무를 수행했기 때문에 달 자격이 있다고 생각한다."

"나를 믿고 따라와 준 해군의 모든 장병에게 수치심을 주어 미안하다."

결국 부다 제독은 월남 참전 전투기장과 관련하여 스스로 명예롭지 못하다고 판단하여, 구차한 해명을 하는 것보다 자살을 선택한 것이다. 가슴에 달고 있는 많은 훈장 가운데 하나가 부적절한 것이란 언론의 지적에 생을 마감한 미 해군참모총장의 사례를 보면서 미국의 군대 문화와 군인들이 보여주는 높은 수준의 도덕심과 명예심을 가늠해 볼 수 있었다.

실제 '군인' 하면 쉽게 떠오르는 말이 '명예'다. 미국 장교들에게 '명예(honor)란 무엇인가?'라고 물으면, 그들은 마치 하나된 것처럼 "아무도 보는 사람이 없어도 자기에게 주어진 일을 올바르게 행하는 것. Do the right thing even if no one is watching." 이라고 힘주어 말한다. 미 해사의 생도들에게 지급되는 가이드포스트 역시 명예에 대해서 'Be true to yourself and the others.'라고 적혀 있다. '자기 자신과 남에게 진실 되게 행하라.'는 뜻이다.

명예는 남들로부터 존경과 칭찬을 통해서 얻어진다. 그러나 진정한 명예란 올바른 일을 언제 어디서든지 성실하게 행할 때 주어지는 영예이다. 자기 자신의 양심에 부끄럽지 않는 당당한 행위가 바로 명예인 것이다. 군인에게 명예는 누구로부터 주어지는 것이 결코 아니다. 자기가 자신에게 부여하는 높은 도덕적 가치다. 양심에 비추어 정직하게 행동하는 것, 그것이 삶 속에 녹아들어 있어야 한다는 것이 명예의 철학이다.

미 해군의 핵심 가치 중 하나가 명예이다. 미 해군사관학교와 육군사관학교 교훈에도 군인의 명예는 필수 항목이다. 이들이 정의한 명예에 대한 설명 중에 이런 말이 있다.

'동료와 상하급자와의 관계에서는 최고의 도덕적 몸가짐으로 대하고, 해군 상호 간은 물론 해군이 아닌 일반 국민에게도 믿음과 정직으로 대하는 것이다.(highest ethical manner in all relationships with peers, superiors and subordinates; Be honest and truthful in our dealings with each other, and with those outside the Navy.)'

'정직하게 충고할 것이며, 하급자의 충고를 기꺼이 받아들일 것이다(Be willing to make honest recommendations and accept those of junior personnel.)'

'불명예스러운 일이 발생되었을 때 나쁜 소식이나 창의적인 건의를 적극 받아들인다.(Encourage new ideas and deliver the bad news, even when it is unpopular.)'

미국 군대에서 명예란 성실과 정직의 원칙을 지키는 것이다. 자신의 행동에 대하여 법적 도덕적 책임을 지며 군인으로서 임무를 수행하는 것이다. 자신에게 주어진 임무가 크든 작든, 지위가 높든 낮든 남들이 보지 않는 곳일지라도 묵묵히 최선을 다하는 자세가 명예이다. 이런 일을 하는 사람을 명예로운 군인이라고 높게 평가한다. 그래서 누구도 알아주지 않는 무명용사를 가장 명예로운 자로 추앙하는 것이고, 최고 훈장인 명예훈장도 계급 높은 지휘관보다 잘 보이지 않는 적진 한가운데서 목숨 걸고 싸운 부사관과 병사 위주로 수여하고 있다. 이들은 자신의 공적을 부풀리지도 미화하려 하지도 않았고, 그저 명령을 수행하기 위하여 최선을 다했을 뿐이다. 오늘날 미군이 강군인 것은 진정한 명예를 최고의 가치로 인정하는 군대이기에 그렇다.

〈어 퓨 굿 맨 A Few Good Men〉의 감동

'A Few Good Men'은 미 해병대의 표어다. 소수의 훌륭한 군인들, 소수정예를 외치는 해병대를 상징한다. 이 영화로 인해 이 표어가 더욱 널리 세상에 회자되는 계기가 됐다. 제목이 말하듯, 영화는 소수의 훌륭한 군인들이 무엇을 할 수 있는지, 그리고 그로 인해 세상을 어떻게 바꿀 수 있는지를 명확히 보여준다. 간략히 소개하면 롭 라이너 감독의 군 범죄 관련 영화로, 극작가 에런 소킨(Aaron Sorkin)의 브로드웨이 연극이 원작이다. 1980년대 초·중반 몇몇 작은 연극의 대본을 쓰던 소킨은 관타나모 기지에서 3년간 해군 법무관으로 근무한 누이 데버라(Deborah)의 이야기에서 영감을 얻어 어느 정도 사실에 기초하여 이야기를 만들었다. 이 시나리오로 완성된 영화 〈어 퓨 굿 맨〉으로 소킨은 일약 일류 작가 대열에 들어서게 되었다.

1992년에 영화로 발표됐고, 아카데미상 여러 부문에 후보로 오르면서 작품성을 인정받았고, 흥행면에서도 미국은 물론이고 우리나라에서도 대박이 났다. 영화는 미 해병대 관타나모 기지에서 일어난 산티아고 일병의 사망 사건을 다루면서 군대의 양심, 명예, 정의 등 깊이 있는 메시지를 던진다. 톰 크루즈, 데미 무어, 잭 니컬슨 등이 출연했다.

사건은 발단은 쿠바 관타나모에 있는 미군 기지에서 죽은 채로 발견된 산티아고 병사 사건에서 시작된다. 이 사건은 곧바로 상부로 보고된다. 이어 죽은 병사와 같은 소대에서 근무하는 해병 두 명이 살인 사건의 용의자로 지목되어 구속, 수감된다. 이 사건을 처리하는 과정에서, 법정까지 가지 않고 사건을 해결하는 법정 밖 합의(Out-of-Court Settlements)로 명성을 날리던 캐피 해군 중위가 동료인 웨인버그 중위, 갤로웨이 소령과 한 팀을 이뤄 변호를 맡게 된다. 사건을 조사하던 중 병사의 죽음에 석연치 않은 구석을 발견한 캐피 중위는 사건 이면에 감춰져 있던 죽음의 진실을 뒤쫓는다. 죽음의 배후에는 부대 생활이나 훈련 능력이 형편없는 산티아고 일병을 '집중 관리'하고, 그에 따른 폭행을 은폐하라는 관타나모 기지사령관인 제셉 대령의 '코드 레드(Code Red)' 명령이 있었다. 이 사실을 알게 된 캐피 중위는 제셉 대령을 법정으로 불러들여 사건의 진실을 추궁한다. 마침내 제셉 대령이 법정에서 자신의 죄를 인정하고 수감되는 것으로 영화는 막을 내린다.

영화는 소수 정예로 구성된 해병대를 통해 국가와 국민을 지키기 위해 명예와 규율을 준수하고 순응하면서 살아가는 군대의 조직문화를 보여준다. 동시에 그런 자부심에 매몰되어 발생할 수도 있는 다른 부작용도 조명했다. 군대에서 요구하는 진정한 애국심과 집단의 가치, 양심, 희생, 인간성 등이 무엇인지 다시 생각하게 만들었다. 특히 총을 들고 전방을 지키는 군인의 사명만큼이나 후방에서 이들의 권익을 위해 싸우는 지원(법무) 업무도 동일한 가치를 갖는 중요한 군인의 임무라는 것을 깨닫게 해주고, 군대의 명예를 위한다는 이유로 병사 개인의 권리가 결코 희생될 수 없다는 것도 잘 보여준 영화였다. 양심의 가치가 얼마나 크고 중요한지 다시금 깨우치게 했다.

생사가 오가는 위급한 상황일수록 강인하고 일사불란한 조직과 지휘관이 필요한 것은 부인할 수 없는 사실이다. 하지만 그 과정에서 부하의 기본적인 인권을 무시한 채, 자신의 신념에만 매몰되어 불법적인 명령을 통해 자신의 조직체계를 유지하려 한다면 그 지휘관의 처사는 결코 정당화될 수 없다. 더욱이 지휘관이 명령을 따른 병사 두 명의 불행에 대해서 눈감은 것은 용서할 수 없다. 지휘관으로서 양심을 배반했기 때문이다.

영화가 주는 일반적인 교훈을 썼지만, 내가 이 영화에 더 주목하는 부분은 따로 있다. 영화 후반부에 해군 법무관 캐피 중위가 대령을 법정에 증인으로 세우는 문제로 동료들과 논쟁을 벌이는 장면이다. 갤로웨이 소령이 술에 취해 주 변호사인 캐피 중위에게 지휘관인 제셉 대령을 법정에 증인으로 세워 직접 코드레드 지시 여부를 따지자고 하는 대목이다. 이때 캐피 중위는 지휘관을 법정에 세워 놓고 만약에 그가 사실을 인정하지 않고, 자신 또한 입증하지 못하면 법조인으로서 치명적인 상처와 책임을 감수해야 한다고 말한다. 많은 공을 세운 해병대 고위 장교를 결정적 증거도 없이 모함하고 위증죄로 몰았는데 죄를 입증하지 못하면, 자신은 법조인을 그만두고 여학교 타자수 가르치는 일밖에는 할 수 없다고 한탄하는 대사이다. 무엇보다 이 대사는 내게 많은 울림을 준다. 군의 지휘관을 법정에 세우는 일이 얼마나 위험하고 엄청난 일인가 하는 것을 다시 한번 일깨워 준 장면이었다.

지금 우리나라에서는 참 안타까운 일들이 벌어지고 있다. 군의 최고위급 지휘관들이 방산 비리 등 각종 문제로 기소되고, 구치소에 감금되고, 법정에서 검찰과 치열한 법정 싸움을 벌이는 일이 비일비재하다. 그런데 상당 부분 재판 결과가 무죄란다. 그리고 그것으로 끝이다. 한평생을 군인으로서 열심히 살아온 개인은 물론이고 군대라는 조직을 부도덕한 집단으로 난도질했던 사람들은 아무런 사과도 책임도 없다. 그저 당한 사람만 억울할 뿐이다.

군인은 명예를 먹고사는 사람들이다. 잘못한 일이 있다면 당연히 처벌을 받고 죗값을 치러야 한다. 하지만 그 절차와 방법은 신중해야 한다. 군복을 입은 자들의 죄가 입증되기 전까지는 명예가 지켜져야 한다는 것이다. 법적으로도 무죄추정의 원칙이 있는데 검증되지 않은 온갖 추문과 낙인으로 그간 쌓아온 명예를 한 순간에 추락시켜서는 안 될 것이다. 이 영화 속의 진정한 'A Few Good Men'은 소수 정예의 해병대라는 뜻이기보다는 어렵고 이기기 힘든 싸움에서 약자를 보호하고 법과 양심에 따라 싸워 결국 승리하는 소수의 정예 법무팀, 이들이 바로 'A Few Good Men'이 아닌가 하는 생각마저 든다.

부사관은 허리가 아닌 기둥

장교들은 발령이 잦고 보직 기간이 짧은 반면 부사관은 특성화된 직책에 오랫동안 머무르며 전문성을 유지하는 사람들이다. 흔히 군에서는 부사관을 장교와 병사 간의 교량 역할을 하는 '부대의 허리'라고 표현하곤 한다.

그런데 오늘날의 군대는 더 많은 복잡한 임무가 부사관에게 부여된다. 특히 군대의 무기체계가 첨단화, 과학화됨에 따라 부사관의 역할은 더욱더 중요해졌다. 병사들은 전문화된 군인이라고 할 수 없다. 병사는 비교적 단순한 역할을 수행하는 군인이다. 그러나 부사관은 자기 직능 분야의 전문성을 가진 군인이다. 고도로 훈련되고 첨단화된 장비를 다루며 부대 전투력을 발휘하는 큰 원동력을 제공하는 사람들이다. 장교와 병사간의 교량적 역할보다는 부대 전투력을 유지하는 기둥 역할을 하는 주역들이다.

그래서 부사관에게는 특별한 임무가 주어지고 요구된다. 전투 시에 장교들의 전술적 조치가 원활하게 이루어지도록 병사들에게 지휘 의도와 수행 방법을 교육하고, 첨단 장비들이 제 기능을 발휘할 수 있도록 해야 한다. 이를 위해서 부사관들에게는 군사 지식뿐만 아니라 기술적 전문성이 요구된다. 또한 부대 관리에 있어서는 지휘관과 동역자라는 인식을 가지고 적극적인 조력자가 되어야 한다. 물론 병사들을 관심과 애정으로 지도해야 하지만 문제가 발생한다 해도 부사관들에게는 직접적인 책임을 지울 수 가 없다. 문제점이 있다면 해당 참모나 지휘관에게 보고하고 적절한 조치를 취할 수 있도록 하면 되는 것이다.

일반적으로 부사관은 다음과 같은 3가지 기능을 수행한다.

첫째, 부사관은 부대의 프로페셔널리스트이다. 부대가 작전 중일 때 어떤 장비에 문제가 발생하면 부사관은 자기 분야에 있어서 유일한 해결자이다. 본인이 아니면 문제를 해결하지 못하는 경우가 대부분이다. 결코 누가 대신해 줄 수 없는 특수성이 있다. 이것이 첨단화되는 무기체계를 원활하게 사용할 수 있도록 하는 전문화된 부사관의 첫 번째 임무이다. 그래서 부사관은 한 사람, 한 사람이 중요하고 독립적인 가치를 지닌 부대의 기둥인 것이다.

현재의 우리 군대의 장비들은 탱크, 자주포, 함정, 항공기 시스템을 포함하여 대부분이 최첨단, 고가의 장비들로 구성되어 있다. 이러한 첨단 장비들이 필요한 시점에 제 기능을 발휘하지 못한다면 한순간 고철로 전락하고 만다. 때로는 부사관들의 손가락 하나에 수억원짜리 무기가 무용지물이 되기도 한다. 첨단장비들은 운용자의 능력에 따라 발휘되는 기능이 천차만별이다. 우리가 같은 스마트폰을 가지고도 기능을 활용하는 것이 사람마다 다른 것과 마찬가지이다. 그래서 부사관들은 해당 분야의 최고 전문가로서 능력을 키우는 데 최선을 다하고 있다. 자기가 맡은 무기에 대한 깊은 지식을 바탕으로 활용도를 높이는 일이 부대 전투력의 핵심이라는 것에 자부심과 긍지도 느끼고 있다.

둘째, 부대의 안내자이다. 부사관은 한 부대에서 근무하는 기간이 장교들에 비하여 길고, 근무지역 이동도 잦지 않아 부대의 역사와 전통은 물론 부대가 주둔한 지역에 대한 이해가 밝다. 그래서 새로 부임하는 장교들에게 훌륭한 길잡이가 되어 주고 있다. 장교들이 체험하지 못한 여러 가지 사례를 설명해 줌으로써 앞으로 발생할 위기에 대비할 수 있는 능력을 키워 주기도 한다.

또한 작전환경에 대한 경험적 요소를 제공해 줌으로써 부대 지휘의 효율성을 높이는 조력자가 된다. 실제로 내 경우를 보더라도 초임장교 시절 유능한 부사관들의 도움으로 생소한 업무에 도움을 받은 적이 한두 번이 아니었다.

오랜 군 생활 동안 많은 부사관과 교류하며 공적으로나 사적으로나 서로 의지하고 힘이 되어 왔다.

셋째, 부대 관리의 동역자이다. 부사관은 지휘관, 장교와 어떤 면에서 부대 관리의 공동 책임을 맡은 동료이자 동역자이다. 물론 부대에 사고가 생기면 책임은 지휘관이 지는 것이지만 담당 부사관 또한 무관하다고는 볼 수 없다. 도의적인 면에서 공동의 책임을 진다. 우리 군에서 부사관들의 수가 상당히 많아 각자가 서로 다른 분야의 일을 하지만, 전체적으로는 가장 중요한 인적 구성을 가진 집단이어서 부대의 능력을 키우고 분위기를 좌우하는데 중요한 역할을 한다.

그래서 부사관들은 지휘관, 장교들과 유대를 강화하면서 부대 임무에 대하여 동역자, 공동 책임자라는 생각을 가져야 한다. 부사관이 튼튼한 부대일수록 각종 전투평가나 부대 진단에서 더 높은 평가를 받는 것은 당연한 일이다. 튼튼한 마디로 연결된 대나무가 높이 올라 갈 수 있는 것처럼 지휘관, 장교와 함께하는 동역자로서의 부사관의 역할은 갈수록 중요해지고 있다.

미국의 경우는 각군 본부에 참모총장의 참모 중에 주임원사가 있다. 공식적인 의전 서열이 3성(星)급 장성에 해당된다. 늘 최고 지휘관의 특별 참모로서 지휘관을 보좌하기 때문이다. 지휘관과 함께 부대를 관리하고 지휘하는 동역자라는 의미로 주임원사의 경력과 권위를 존중하는 것이다. 이것이 존중의 문화이다. 계급적인 권위도 중요하지만 맡은 바 하는 일에 대한 권위도 인정하는 것이다.

그래서 부사관은 부대의 허리가 아니라 부대라는 건물의 기둥 역할을 하는 귀중한 사람들이다.

의사, 판사, 검사, 프로듀사 그리고 병사

얼마 전 TV 드라마 중 〈프로듀사〉라는 것이 있었다. 명문대를 졸업한 잘난 아들이 힘든 공부 끝에 방송사 프로듀서 시험에 합격하자, 흥분한 엄마가 의사, 검사, 판사 부럽지 않다며 프로듀사라고 이름을 붙이는 장면이 나온다. 우리나라에서 행세깨나 하려면 소위 직업 이름 뒤에 '사'자가 붙은 직업이 그럴싸해 보이기 때문일 것이다. 그래서 우리 사회에는 끝에 '사'자가 붙은 직업을 상당히 선호한다. 물론 한자 표기로 '사'자는 조금씩 차이가 있다. 의사(醫師), 판사(判事), 검사(檢事)…, 그러나 한글 표기는 동일하다.

직업은 아니면서 일시적으로 정해진 기간만 '사'자가 허용되고 통용되는 사람들이 있다. 바로 신성한 병역의 의무를 수행하는 '병사'이다. 국방부와 병무청의 공식 호칭은 병이다. 예컨대, 이등병, 일병, 상병 등 사(士)를 붙이지 않는다. 그렇지만 통상적으로 병사라고 부른다. 이제부터라도 병이라는 용어보다 병사라는 말을 공식화하면 좋겠다. 무엇보다 우리나라에서 가장 고귀하고 가치 있는 국방의 의무를 하고 있기 때문이다. 황금 같은 젊은 시절에 일정 기간을 나라를 위해 헌신하고 있으니, '사'를 붙여 긍지를 세워준들 무슨 상관이 있으랴 싶다. 병역을 이행한다는 것, 그 자체만으로도 존중받아야 한다. 또 이들에 대한 국가적 배려 역시 당연히 필요한 것이다. 명예로운 사람이란 낮은 곳에서도 묵묵히 자신의 의무와 책임을 다하는 사람이다. 병사들은 군인을 직업으로 하는 사람과 달리 자발적 희생과 헌신이 있기에 더욱 존중받아야 하는 사람들이다.

하지만 최근 군대 '갑질' 이야기가 불거지면서 노예병, 농사병 등 병사들에 대한 모욕적인 말들이 많다. 병사들의 명예로운 헌신이 무시되는 것 같아 마음 아프다. 이는 그들을 존중하지 않는 잘못된 인식에서 비롯된 문제들이다. 병사들에게는 명예로운 헌신에 합당한 존중과 배려가 수반되어야 한다. 그들을 하인이나 노예처럼 부린다거나 함부로 대하는 모든 행태들은 결국 군대의 전투력을 약화시키는 것들이다. 병사들은 전선의 맨 앞에서 대한민국의 안전을 위하여 헌신하는 사람들이다. 오늘밤도 병사들이 철책선을 든든히 지켜 줄 것이라는 믿음이 있기에 우리는 편하게 잠을 잘 수가 있다. 병사의 군 복무를 자랑스럽고 보람되게 만들어, 최소한 군 복무 기간이 인생의 썩은 시기가 아니라 황금기가 되도록 만들어 주어야 한다.

눈 덮인 산악을 행군하는 해병대.
때로는 며칠 간 산속에서 야영하며 임무를 수행한다.

병사들은 원래 수평적 관계

2014년 4월 6일, 육군 28사단 포병연대에 근무하던 한 병사의 사망 사건이 우리 사회에 큰 충격을 주었다. 선임병들의 악랄한 행위로 어린 병사가 안타까운 죽음을 당했다. 사망한 윤모 일병은 행동이 느리고 말투가 어눌하다는 이유로 선임병들에게 상습적인 가혹 행위에 시달렸다고 한다. 윤 일병 사건으로 불거졌을 뿐 그동안 이와 유사한 사례들이 많이 있었다. 병사들 간의 서열 의식, 계급 의식에서 비롯된 잘못된 군기 때문이다.

군대에서 소수의 장교나 부사관이 전체 병사들을 일일이 통제할 수는 없다. 또 야간이 되면 장교, 부사관들은 당직 근무자를 제외하고는 주로 퇴근을 하거나 별도의 숙소로 이동한다. 소위 병사들만의 세계가 존재하게 되는데 여기에서는 병사들만의 질서가 존재한다. 고참이라고 말하는 선임병사의 권력에 좌우되는 공간과 시간이 생기는 것이다. 대한민국 국민 누구나 병사들 간에 다투지 않고 서로를 존중하고 배려하면서 군 생활을 해주기를 바라지만 안타깝게도 아직 이러한 문화가 병영 내에 정착되지 못하고 있다.

그러면 모든 것이 군대만의 문제일까? 우리의 젊은이들은 학교에서부터 상하급생 간의 서열 문화 안에서 성장해 왔다. 지금도 끊이지 않고 발생하는 학생들 간의 학교 폭력도 유사한 서열의 식에서 비롯된다고 할 수 있다. 상하급생 간 또는 동급생 간의 힘 대결에서 생기는 폭력, 약한 학생이 상급생이나 강한 자에게서 소위 이지매당하는 학교 주변 문화가 군대로 이어지는 것은 아닌지 생각해볼 문제다. 어쩌면 엄격한 군기를 유지해야 하는 군대이기에 이러한 문화가 당연하게 받아들여지기도 한다.

우리 군대는 지속적으로 병사들의 병영 문화 개선을 추진해 왔다. 특히 28사단 윤 일병 사건을 계기로 민간이 참여하는 가운데 병영 생활 개선을 위한 많은 대책을 만들어 놓았다. 그렇지만 여전히 병영 내에서는 적지 않은 사건, 사고들이 빈발한다. 군대라는 통제된 조직 안에서 발생하는 상하, 동료 간의 갈등은 쉽게 해소될 문제가 아니다.

그렇지만 병사들 간의 잘못된 서열 문화는 분명히 바로잡아야 한다. 병사들의 계급은 꼭 신분의 상하를 뜻하는 것이 아니다. 병사들의 근무 정도를 구분하는 표시일 뿐이다. 그래서 병사들 간에는 명령하고(받고) 지시하는(받는) 관계가 형성되지 않는다. 병사들은 수직적 상하 관계가 아니라 수평적 동등 관계이다. 다만 특정 임무(분대장 등)가 주어진 병사는 예외다.

참고할 사례가 있다. 미국 군대에서는 부사관(병)들 간의 경례에 대한 명시된 규정이 없다. 미국 해군 부사관 지침서(Blue Jacket's Manual)엔 경례의 대상은 모든 장교로만 규정되어 있다. 다시 말해 부사관과 병들은 수직적 관계가 아니라 수평적 관계이기 때문에 경례가 강제 규정이 아니라는 것이다. 그래서 부사관 간에는 명령 관계가 존재하지 않는다. 명령과 지시는 장교만 내릴 수 있다. 이 때문에 부사관을 NCO(Non Commissioned Officer) 라고 부른다. 사전적 의미로는 이들의 임무를 '군의 기술적 업무에 있어서 지휘가 아닌 맡겨진 업무를 수행한다(They can charge or control but not command in the most technical use of the word).'라고 명시되어 있다.

모병제인 미국은 장교가 아닌 군인 모두가 부사관이다. 우리처럼 따로 병이란 직책이 없다. 우리의 병이 미국의 부사관인 셈이다. 결국 부사관은 특정 전문 분야에 대해서 주어진 임무를 수행하는 군인이지, 지휘라는 기능을 수행하지는 않는다. 우리나라 군대의 병들도 상호 간에 수평적 조직이지 수직적인 상하 관계가 될 수 없다.

병사들 간에 선임병이란 뜻도 먼저 군대에 온 자라는 것이지 상관이라는 개념이 아니다. 지금 군대에서는 병사들 간에 지시 등을 할 수 없도록 제도가 마련되어 있기는 하다. 그러나 오랜 기간 이어져온 서열 의식은 쉬이 고쳐지지는 않을 것이다. 병사들이 스스로 새로운 군대 문화를 만들어 갈 수 있도록 유도해 나아가는 게 최선이라 생각한다.

병사,
'월급'이 맞을까

국방부는 국정감사 업무보고에서 "병 봉급을 2022년까지 2017년 최저임금의 50%가 되도록 연차적 인상 계획을 수립했다"고 밝혔다. 이 계획에 따르면, 병장 월급은 2017년의 21만 6,000에서 2018년에는 40만 5,700원으로, 2022년에는 67만 6,155원으로 오른다고 한다. 병사 월급이 오르는 건 환영할 일이다. 나라 형편이 좋아지는 만큼 국가와 국민을 위해 청춘을 희생하는 청년들에게 적절한 보상을 해주는 건 바람직한 일임에 틀림없다. 다만, 병사 월급과 관련해 생각해 볼 문제가 있다.

'병사 월급이란 것이 과연 무엇인가?'라는 사회적인 논의다. 병사 월급이 낮다고 하는 것은 노동자의 임금을 기준으로 생각할 때 그렇다. 생존할 수 있는 최저임금을 기준으로 보면 병사들의 월급은 분명 낮다. 하지만 나는 그런 기준을 국가 방어의 최후의 보루인 군 병사들에게 적용하는 것은 잘못됐다고 본다.

무엇보다 군에 대한 가치와 의미를 스스로 부정하고 퇴색시키고 있어서다. 그 이유를 설명하면 이렇다. 보통 최저임금이라 하면, 국가가 근로자들의 생활안정을 위해 임금의 최저 수준을 정하고 사용자에게 그 수준 이상의 임금을 지급하도록 법으로 강제하는 제도로서 무엇보다 최저시급이 중요하다. 2017년 최저임금은 2016년보다 7.3%(440원) 오른 6천4백70원으로 결정됐고,

2018년 최저임금안은 2017년도보다 16.4% 인상된 7천5백30원이다.

그러니까 이 기준에 따르면 신성한 국방의 의무라고 법으론 표기하면서 결국 알바생과 별반 다를 바 없는 처우를 해주겠다는 것이다. 병사들의 비교 대상이 편의점이나 카페 아르바이트생인 셈이다. 이런 잣대를 들이대면, 신성한 국방의무를 수행하는 병사들로서는 '이게 뭐 하는 건가'라는 자괴감에 빠질 수밖에 없을 것이다. 심지어 일반 알바생들보다도 적은 시급이 아닌가? 이런 환산은 결코 좋은 방법이 아닌 듯하다.

병사는 일반 사회인과 뚜렷하게 구분되는 역할을 수행하고 있다. 언제 닥칠지 모를 전쟁을 대비하고 준비한다. 실제 전쟁이 벌어지면 패배하지 않고 이길 수 있도록 훈련하는 조직이 군이다. 그렇기에 사회적으로 용인되는 월급 기준이 아닌 다른 차원의 논의가 필요하다고 생각한다. 지금 같은 방식이라면 수많은 시간이 지나도 결코 최저임금 100%에 준하는 시대는 오지 않을 것이다. 모병제로 전환하지 않는 이상 그렇다. 그렇기에 병사 월급에 대한 새로운 정의 및 다양한 사회적 논의가 필요한 시점이다.

이를테면, 병사 월급은 노동자들이 받는 최저 임금이라는 개념이 아니라 국가를 위해 일정 기간 헌신하는 사람들에게 주는 '국가방위 수당'이라 해도 좋을 것이다. 그리고 실제 월급이 좀 더 올랐다고 해서 갑자기 국가를 사랑하는 마음이 더욱 커진다고는 생각하지 않는다.

돈보다 더 중요한 건 청춘을 담보로 한 청년들의 병역 의무가 그에 걸맞은 가치와 목적을 제공하고 있는지가 더 우선 되어야 할 것이다. 오늘을 사는 우리와 미래를 이끌어나갈 세대에게 국가를 위해 어떠한 삶과 자세를 가져야 하는가를 일깨워 주는 작업이 군에서 더욱 선행돼야 할 일이라고 생각한다.

군복

군복은 성의이자 수의

군복은 말 그대로 군인이 입는 제복의 총칭이다. 군복은 군의 역사와 전통, 자부심과 정체성이 함축된 것으로 군인들로 하여금 애국심과 일체감을 느끼게 해준다. 군복은 나라마다 독특한 모양으로 디자인되어 그 나라의 국기처럼 상징성이 강하다. 국가의 표상이 되기도 한다. 또한 국가에 대한 헌신의 상징으로 보일 때도 있다. 군복은 BC 3000년경 초기 수메르 왕조 시대에 최초로 착용된 것으로 추정된다. 고대 이집트 시대의 부조(浮彫)에도 제복을 입은 일단의 병사들의 모습이 보인다. 그리스·로마 시대에 들어서면서 군복은 군단과 병종, 계급에 따라 구분되었다. 전투 방식 자체가 발전하고 체계화한 데 따른 것으로 보인다.

중세는 군복 디자인이 혁명적으로 변한 시기였다. 유럽 각 나라에서는 군인들에게 화려하고 다채로운 군복을 만들어 착용시켰다. 특히 십자군 원정은 군복 문화의 대전환점이었다. 각종 문장(紋章)이나 군장이 급격히 발전했다. 전군에 통일된 군복을 착용하게 한 것은 영국의 크롬웰(Oliver Cromwell)의 청교도 혁명 때인 1644년경이다. 크롬웰은 의회군(議會軍)에게 적색 군복을 입히고 연대마다 색이 다른 장식을 달게 했다.

이후 전투 방식이 바뀌고 화포가 발달하면서 군은 전투 지역에서 눈에 잘 띄는 군복은 피하게 되었다. 지금 전 세계 대부분의 군인들이 입고 있는 카키색 군복은 영국군이 남아프리카전쟁(1899~1902) 때 처음 사용한 것이다. 카키색 군복이 전투 지역에 알맞은 보호색의 효과를 거두자 거의 모든 나라가 예복 등 장식이 있는 정복을 제외하고는 카키색과 갈색, 회색, 녹색 등 전투 지형에 맞은 색의 활동적인 군복을 채택했다. 해군은 전통 있는 영국 해군의 군복을 본떠 여름철에는 백색, 겨울철에는 검은색을 착용하고 있다. 공군은 나라에 따라 다소 차이가 있지만 회색, 감색, 청색 계통의 군복을 착용한다. 유럽의 군복들은 오늘날 남성 패션에 많은 영향을 주기도 했다. 대표적으로 독일의 남성복 휴고보스는 제2차세계대전 당시 독일 군복을 생산한 기업이었는데, 그 후 세계적인 남성복 고급 브랜드가 됐다.

우리나라의 경우 고대 군복에 대해서는 별다른 기록이 없다. 다만, 고구려의 무용총 등 벽화에 남아 있는 것을 통해 짐작할 수밖에 없다. 말을 타는 데 알맞은 마상의(馬上衣)가 기본 구조다. 머리에는 조우모(鳥羽帽: 새털로 장식한 모자)를 쓰고 있어 강건한 고구려인의 무상(武像)을 잘 보여준다. 백제·신라도 군복에 대해 따로 기록된 것은 없으나 문관과 같이 계급에 따라 복색을 달리했다. 고려시대에 와서는 관계(官階)가 높은 무관(武官)은 거의 복두(幞頭:머리두건)와 공복(公服)을 입었다. 그 밖의 군인들은 윗옷은 녹의(綠衣)라 불리는 소매 좁은 옷이었고, 바지도 통이 좁은 것을 입었다. 또 전포(戰袍)라는 두루마기도 입었다. 조선시대의 무관은 소매, 앞섶이 없고, 뒷솔기가 허리 아래에서 터진 두루마기와 같은 것을 옷 위에 입었다. 특히 세종 시절에는 수은, 가죽, 쇠 등을 이용한 다양한 갑옷을 입기도 했다.

1895년(고종 32년)에는 칙령(勅令) 제78호로 '서구식 군대복장에 의한 육군 복장규칙'을 반포했다. 이로써 옛 군복의 자취는 사라지게 됐다. 1906년(광무 10)에 개정된 복제를 보면 군복을 대예장(大禮裝)·군장(軍裝)·예장(禮裝)·반예장(半禮裝)·상장(常裝)으로 구분했다. 예장·반예장은 장교만 착용하고, 나머지는 장병이 다 같이 착용했다. 광복 후의 군복은 대체로 미국군의 군복을 모방했으나, 1962년 '군인복제령'이 제정됨에 따라 독자적인 군복을 입게 되었다. 그 후 여러 차례의 개정을 거쳐 1971년에 지금의 군인 복제가 제정되기에 이르렀다.

군복은 군모·제복·군화·계급장·표지장·예식도(禮式刀) 등으로 포괄 정의하고, 군복의 종류와 제식(制式) 그리고 착용 구분을 규정하고 있으며, 복장은 다시 예장·정장·전투장으로 구분하여 각각 그 차림새를 정했다.

군복은 군인들이 전투에서 잘 싸우기 위해 입는 의복이기도 하지만 때로는 적을 시각적으로 제압하는 두려움의 상징이 되기도 한다. 국가 또는 국왕에 대한 충성과 엄정한 군의 기강을 나타내는 표현이기도 하다. 그래서 군복은 종류도 다양하고 복장 하나하나에 그 의미와 멋을 부여하는 것이다.

최근 들어 밀리터리 룩이라는 패션이 인기를 끌기도 한다. 하지만 군복의 무늬나 디자인을 본뜬 유사한 패션의 옷은 입어도 정식 군복은 함부로 입지 못한다. 법과 규정을 따지기 이전에 군인의 명예를 존중하고 군복의 숭고한 가치를 인정한다면, 그 복장을 함부로 흉내 내서는 안 될 일이다. 군인은 국가를 위하여 군복을 입고 일하고, 싸우고 그리고 죽음을 맞기 때문이다. 다시 말하면 군복은 군인이 마지막 순간에 입고 떠나는 그들의 수의와 다를 바 없다.

선진국 국민들은 군복 입은 군인들에게 함부로 대하지 않으며 그들을 존중한다. 군인들 역시 자랑스럽게 군복을 입는다. 미국 국민들은 군복 입은 군인들을 볼 때면 장소와 관계없이 아낌없이 박수를 쳐 주곤 한다. 비행장이나 공공장소에서 줄이 길게 늘어섰을 경우 기꺼이 자기 자리를 양보한다. 군복을 입은 그들의 당당함이 더욱 돋보이는 순간이다.

아무나 입는 옷이 아니다

군복은 군인의 옷이다. 성당에서 신부님들은 신부복을 입는다. 절에서 스님들은 승복을 입는다. 김수환 추기경이 선종하였을 때 신부복으로 입관된 장면을 본 적이 있다. 모든 언론이 그 신부복을 성의라고 보도했다. 김수환 추기경은 평소에도 그 신부복을 입고 남을 위하여 헌신했고, 사명을 완수하고 떠날 때도 그 신부복 차림이었다. 그렇기에 그 신부복이 곧 성의였다.

그러면 평소에 남을 위해 헌신하고 기꺼이 남을 위해 죽을 수 있는 일을 하는 사람 가운데 죽어서도 자신이 입었던 그 복장 그대로 입관되는 사람이 얼마나 될까? 대표적인 사람이 바로 군인이다.

내가 천안함 폭침 사태를 뒷수습하고 있을 때였다. 불행하게도 산화한 46명의 천안함 장병 중 40명의 시신만을 찾을 수 있었다. 그들은 자신들이 항상 입었던 군복(정복)을 입고 하늘나라로 갔다. 나는 입관을 할 때 한 명 한 명에게 군복을 입히면서 "이것이 자네 수의이고, 이 옷이 성의라네…."라고 말해주면서 예식을 했다. 가슴이 미어졌다. 함께한 장병들과 가족들도 눈물을 쏟았으며 젊은 그들의 목숨값을 헛되이 하지 않겠다는 결의를 다시금 다졌다. 그때 나는 군복이야말로 군인들만이 입는 고귀한 옷이라는 것을 새삼 느꼈다.

그런데 참으로 안타까운 일들을 많이 본다. 고위 관료와 정치인 등 군인이 아닌 주요 민간 인사들이 국가 안보를 강조할 때나 명절, 또는 이슈가 있을 때면 군부대를 방문하게 되는데, 그때마다 하나같이 군복 상의를 입는다. 심지어 어느 부대는 명찰까지 새겨서 입혀주기도 한다. 군복 상의 하나 걸치고 군부대에 가면 그 순간은 군인들처럼 적과 싸우다 피 흘려 죽을 각오가 되었다는 것인가? 아님 군복 상의 하나 걸치고 장병들과 오른 주먹 불끈 쥐고 파이팅 외치며 사진 한 장 찍으면 국민들로부터 안보관이 확실한 사람이라고 인정받는 것일까?

나는 미국을 비롯한 동서양의 어느 민간 지도자나 정치인들이 군부대 방문 시에 군복을 걸치는 사례를 본 적이 없다. 미국의 경우 대통령이나 국방부장관이 이라크, 아프가니스탄 등 전쟁 지역에 갔을 때도 군복 입은 모습을 보지 못했다. 가끔씩 미국 대통령이나 국방부장관이 군복 같은 상의를 입곤 하는데, 자세히 보면 군복이 아니다. 군복과 유사한 점퍼 차림이다.

대통령제 국가들의 대통령은 군 최고사령관직을 가진다. 그리고 문민 통제하의 민간인 수상이나 국방부장관도 군에 대한 명령권자이다. 그렇지만 군인 신분은 아니다. 그래서 군복을 함부로 입지 않는다. 아니 입지 못한다는 것이 올바른 표현일 것이다. 이들은 군복을 입고 적과 싸우거나 전투 현장에서 죽을 수 있는 사람이 아니기 때문이다.

우리 사회에서는 민간인들도 군복 상의에 태극기를 달고, 마크를 붙인 이상한 짝퉁 군복을 입곤 한다. 하지만 이제 진정한 군복의 가치를 이해한다면 자신의 개성에 맞는 민간 옷을 입는 것이 더 당당하고 멋있을 것 같다. 사실 짝퉁 군복은 '군복제령', 즉 군복에 관한 법을 어기는 것이기도 하다. 비록 대통령이 군 통수권자이고, 군 최고 사령관이라 할지라도 군인 신분은 아니다. 국방부장관도 전직은 군인이었을지 몰라도, 현재는 군인이 아니므로 군복 입는 것을 다시 한번 생각해 볼 필요가 있지 않을까 싶다.

자기에게 맞는 복장을 하고 부대를 방문하는 게 더 당당하고 멋있어 보일 것 같다.

군복을 입지 않는 군인들

군복은 군인의 자랑스러운 신분을 나타내는 것으로 명예를 상징하는 것 중의 하나이다. 그래서 많은 나라에서 군복 입은 군인들을 존중하고 그들을 함부로 대하지 않는다. 군인들 또한 당당하게 자긍심을 가지고 군복을 입어야 진정으로 국민들로부터 존중받을 수 있다. 군인들 스스로 군복에 대한 명예를 지키기 위해 조심스럽게 행동해야하는 것이다. 군인 복제령 제3조에 의하면 '군인은 이 영에 정하는 바에 의하여 군복을 착용하고 외모를 단정히 하며 규율을 지켜 군인으로서의 품위를 유지하여야 한다.'라고 명시되어 있다. 이 규정에 따라 우리나라 모든 군인들은 군부대에서 군복을 입고 근무를 한다.

그런데 이상한 것이 있다. 청와대, 국방부, 국회, 외교부 등 일반 정부 부처에 파견 나가 근무하는 군인들은 군복을 입지 않는다. 나는 청와대 파견 근무 시절에 대통령으로부터 임명장을 받은 적이 있었다. 당연히 군복을 입고 가려 했는데, 청와대 파견 군인들은 군복을 입지 않는다고 해서 어쩔 수 없이 그냥 신사복을 입었다. 근무하는 동안에도 군복 대신 일반 사복을 입었다. 나뿐만이 아니라 모든 현역 군인들이 당연한 듯이 사복 차림으로 근무했다. 국방부에도 관련된 규정이 명확하지 않다고 한다. 그냥 그렇게 관습적으로 해 온 것이란다. 나는 소령 시절에 국방부에서 근무한 적도 있었다. 그때도 선배들이 하던 대로 신사복을 입고 근무했다. 그 당시에도 궁금했다. "군인이 왜 군복을 입지 않고 일반인처럼 사복근무를 할까?" 어떤 선배가 국방부는 군부대가 아니고 정부 부처이기 때문에 군인도 공무원과 같은 복장을 하는 것이라고 귀띔을 해주었지만, 선뜻 이해되지 않았다.

그 궁금증은 내가 미국 무관으로 일할 때도 이어졌다. 그래서 다른 나라의 무관들을 통해 그 나라의 사정은 어떠한지 확인해 봤다. 미국은 물론이고 영국이나 프랑스, 독일, 인도, 러시아, 중국 등 여러 나라에서도 대통령비서실, 의회, 국방부 등 다양한 곳에 군인이 파견되어 있었지만, 항상 군복을 입고 근무한다고 했다. 그들은 오히려 군복을 안 입는 게 이상하다고 입을 모았다. 특히 대통령비서실이나 의회 같은 곳은 평상 근무복이나 전투복이 아니라, 항상 정복을 착용한 채로 근무를 한다고 확인해 줬다. 그 이유는 최고 통수권자인 대통령과 국민의 대표기관인 의회에 대해 항상 최고의 예를 갖춰야 하기 때문이라고 했다. 미국의 경우, 백악관 근무 군인들은 정복에 백악관 공식 문장이 새겨진 마크를 가슴에 달고 근무를 한다. 한 번이라도 근무한 경력이 있으면 그 백악관 마크를 군 생활 내내 정복에 부착한다. 군 통수권자를 가까이서 보필하는 일은 군인으로서 가장 자랑스러운 일이기 때문이다.

군인들이 백악관이나 의회를 방문할 때도 어김없이 정복을 입고서 최대의 예우를 갖춘다. 대통령 보고 및 오·만찬 등 행사 때에도 예외 없이 정복(또는 예복)을 착용한다. 의회에서도 마찬가지다. 수시로 열리는 의회 청문회뿐 아니라 의원들과의 업무 토의에도 꼬박고박 정복을 입고 참가한다. 대통령에게는 절대적인 충성을 표시하는 것이며, 의회에는 최대한의 존중을 표시하는 것이다.

그동안 우리나라 군은 여러 가지 이유로 군복이 부담스러운 경우가 있었던 게 사실이다. 군복을 입은 사람들이 함께 몰려다니면 부정적으로 보이던 시절도 있었다. 하지만 이제 사회 분위기가 많이 변했다. 군인들에 대해 우호적이고 선망의 대상이기도 하다. 이제부터는 청와대, 국회, 국방부 등 어디에서 근무하든 간에 특별한 사유가 없는 한 군인들이 군복을 입고 근무하는 모습을 볼 때가 된 것 같다.

군인들 자신이 군복을 입지 않고 근무하면서, 군인을 존중해 달라는 것은 앞뒤가 맞지 않는다. 당당하게 군복을 입고 근무하는 문화가 뿌리내릴 때, 군인에 대한 존중과 신뢰가 두터워질 것이다. 군인은 군복을 입고 있을 때가 가장 멋지고 아름답다.

태극기

군복과 태극기

국군 장병 전투복에는 태극기가 부착되어 있다. 2015년 8월 1일부터 모든 군인은 오른쪽 어깨에 태극기를 붙이고 근무하게 됐다. 국방부는 '광복 70년, 분단 70년'을 맞아 대한민국 군인의 자긍심을 고취하고 애국심을 함양하기 위해 전 장병의 전투복에 태극기를 패용하기로 했다고 밝혔다.

태극기는 일반 색과 위장 색 각 1종으로 일반 색 태극기는 평시 영내 근무와 출타 할 때, 위장 색 태극기는 훈련이나 작전임무를 수행할 때 부착하게 된다. 태극기는 국기법 시행령에서 정한 3 대 2 비율을 적용해 가로 8㎝×세로 5.3㎝ 크기이며, 벨크로(일명 찍찍이)를 이용해 붙였다 뗄 수 있도록 되어 있다. 부착 위치는 디지털 무늬 전투복과 방상외피의 우측 어깨 재봉선 하단 또는 팔주머니 덮개 쪽이다.

육군훈련소의 신병교육훈련소에서는 수료한 훈련병들을 대상으로 전투복에 태극기를 부착하는 행사를 한다. 군대에 들어서는 첫 문턱을 넘은 신병들에게 태극기를 통해 조국 수호의 가치와 조국애를 전달하자는 의미에서다. 더욱이 신병 수료식에는 6·25전쟁 및 베트남전 참전용사, 외국 영주권자 등 다양한 사연을 가진 가족들이 아들과 손자에게 직접 태극기를 달아주며 태극기에 담긴 가치를 빛내기도 한다.

6·25 참전용사인 할아버지가 손자인 이등병에게 태극기를 달아주면서 태극기의 자랑스러움을 손자에게 전하는가 하면, 베트남전 참전 상이용사는 늦둥이로 낳은 아들 이등병의 오른팔에 태극기를 부착하며 대를 이은 애국심을 고취하기도 한다. 또한 미국과 뉴질랜드 등 외국 시민권과 영주권을 가지고 자원입대한 병사들과 가족들은 군복 위에 빛나는 태극기를 바라보며 나라사랑의 마음을 다시 한번 새기는 경우도 가끔 눈에 띈다. 부대별로도 다양한 행사를 하고 있는데 국기게양식이나 신병수료식 등 각종 행사에서 지휘관이 직접 태극기를 달아주며 자긍심과 애국심을 되새기게 한다.

군인과 국기

국기가 국가의 상징물이 된 것은 프랑스 시민혁명 때 사용된 삼색기 이후이다. 국기는 한 나라의 역사와 국민성, 이상 등을 상징하는 깃발이기에 어떤 나라든 국가를 상징하는 고유의 국기를 가진다. 우리나라 태극기는 1882년 8월 일본의 수신사로 가던 박영효가 배 안에서 만들었다. 박영효는 조선으로 돌아와 고종에게 보고했고, 이후 태극기는 우리나라 국기로 사용되었으며 1948년 대한민국 정부가 수립되면서 태극기에 대한 규정을 만들어 지금의 모습으로 통일되었다.

국기는 국가를 대표하는 상징물로서 실내외에 게양되며, 공식 행사 때에는 국기에 대한 경례가 필수 절차이다. 또한 의복에 부착하는 경우가 있다. 대표적인 예가 국가대표 운동선수들이다. 올림픽, 아시아경기, 월드컵 등 각종 국제경기에 국가를 대표해서 나가는 선수들은 유니폼에 국기를 단다. 대한민국을 대표하는 사람들이어서다. 군인이 군복에 국기를 부착하는 것도 국가를 대표하는 소중한 가치가 담겨 있기 때문이라고 생각해도 좋을 것 같다. 특히 해외에 파병 나가는 군인들은 항상 태극기를 오른쪽 어깨에 달고 파견된다.

국기에 대한 사랑이 특별한 나라는 단연 미국으로 꼽힌다. 다민족으로 구성된 미국 사회를 하나의 공동체로 묶어 주는 가장 효과적인 상징물이 국기이기 때문이다. 성조기에 대해서는 인종과 출신, 시간과 장소를 불문하고 경의를 표하고 최대의 예우를 한다.

미국 군인들도 군복에 성조기를 부착한다. 그런데 우리와는 다른 면이 눈에 띈다. 내가 합참에서 근무할 때 미국군과 함께 훈련을 하면서 미군 전투복에 부착된 성조기를 보고 다소 의아했던 적이 있었다. 오른쪽 어깨에 부착된 성조기가 왼쪽 어깨에 붙어 있는 성조기와는 다른 방향으로 되어 있는 것이었다.

당시 파견 나온 연락장교인 피터 켐프 중령에게 물었더니 미 육군은 규정 670-1에 의해 성조기 패치는 오른쪽 또는 왼쪽에 부착하되 별무늬가 항상 앞을 향해 있어야 한다는 것이다. 이것은 군인들이 전장에서 국기를 들고 앞으로 달려 나갈 때 동일한 모양의 성조기가 휘날리는 것처럼 보이게 하려는 의도 때문이라고 한다. 우측에 부착할 땐 좌우 반대로 된 성조기를 부착하고, 좌측에 부착할 땐 그대로 붙인다. 별 모양은 항상 전진하는 앞쪽으로 향하도록 한다.

과거 미군은 국기를 들고 전투를 하던 시절에는 성조기를 들고 진격하면서 병사들의 사기를 끌어올렸다. 현대전에서는 국기를 들고 전투에 나서지는 않지만 성조기를 좌우에 부착함으로써 모든 군인들이 국기를 들고 진격하는 모습을 연상시키게 하기 위해서다. 그래서 좌든 우든성조기 별 모양이 항상 앞을 향하게 한다. 국가에 대한 자긍심을 불어넣으면서 늘 적진을 향해 용감하게 전진하는 기상을 표현하는 것이다. 군복에 붙은 국기를 보면서 그 의미와 가치를 다시금 되새기게 된 기회였다.

△ 함장 시절, 문무대왕함에 대형 태극기를 달았다. 사실 림팩 훈련에 대비해 더 큰 태극기도 준비했다.

내가 구축함 함장이었던 시절이다. 나는 우리 구축함을 몰고 태평양 연안국 해

△ 하와이 가는 길에 괌에 들러 군수 적재를 하고 있는 우리 구축함들. 좌측이 내가 함장으로 진두지휘했던 문무대왕함이고, 우측이 광개토대왕함이다.

군 군함들이 하와이에 모여서 하는 림팩(RIMPAC) 훈련에 참가하게 되었다. 일반적으로 훈련 말미엔 모든 함정이 바다 위에서 최대한 가까이 붙어 항해하면서 사진을 촬영하는 훈련을 한다.

과거 내가 참모장교로 참가할 때마다 느낀 것은 미국, 캐나다, 일본, 호주 등 많은 나라들이 사진촬영 이벤트에서는 평소 달고 다니던 작은 국기를 내리고 보다 큰 국기를 게양한다는 사실이었다. 항공사진을 촬영할 때, 배는 작게 나와도 국기는 좀 더 선명하게 찍히게 하기 위해서다. 나도 그해 림팩 훈련 때 우리 구축함이 비록 작지만 국기만큼은 좀 더 큰 것으로 게양하기로 마음먹었다. 마침 어느 단체에서 림팩에 가는 우리 배에 뭔가를 기증해 주고 싶다고 제안을 해와 나는 바로 태극기를 부탁했다. 그 단체에서는 출항하기 전날 대형, 중형 태극기를 기증했다. 그 덕분에 나는 태평양 한가운데서 비록 배는 작았지만 다른 나라 군함보다 선명한 대형 태극기를 휘날릴 수 있었다. 지금 우리 해군이 쓰고 있는 대형 태극기의 시작은 바로 이때 시작된 것이다.

천안함 폭침 사건 수습 당시에 있었던 일이다. 과거 연평해전 전사자 영결식 때 전사자 영정 사진이 훈련소 입소 당시의 삭발한 모습인 것을 안타깝게 바라본 적이 있었다. 배가 침몰해서 최근 사진을 구하지 못하고 서둘러 영결식을 치르다 보니 제대로 된 사진을 미처 갖추지 못했다. 천안함 46용사 영결식 때는 최소한 사

천안함 용사들의 유해를 운구하고 있다. 컴퓨터 그래픽으로 훈련소 입대 사진에 태극기를 배경으로 정복을 입혀 용사들을 보냈다.

진만이라도 명예롭고 자랑스럽게 갖춰 주고 싶었다.

영정 사진은 이 전사자들의 마지막 모습으로 가족과 국민들의 가슴속에 각인될 것이기 때문이다. 천안함 역시 배가 침몰해서 46용사들의 최근 사진을 구하기가 어려웠다. 결국 상당수의 전사자들 사진을 훈련소 입소 당시에 찍었던 것으로 쓸 수밖에 없었다. 나는 훈련소 사진을 컴퓨터 그래픽 전문 팀에게 맡겼다. 본래의 얼굴 모습은 최대한 살리고 복장은 훈련복 대신 정복으로 하고, 얼굴 배경에는 태극기와 해군기를 넣어 국가대표급 사진으로 재탄생시켰다. 사진이 완성되자 유가족 모두가 슬픔 속에서도 자랑스러워하며 좋아했던 기억이 있다. 이 일이 있고 난 후 국방부에서는 전군의 장병들에게 태극기를 배경으로 사진을 찍을 것을 지시했다.

우리나라도 이제 한민족, 한 혈통의 사회에서 다민족 사회로 변화하고 있다. 이제는 민족이라는 개념보다 대한민국의 국민이라는 가치가 크게 부각되는 시대로 접어든 것이다. 국기라는 상징이 더욱 소중한 가치로 다가올 때 우리 대한민국이 더욱 굳건하게 결속될 것이라고 생각한다.

제2부

언어와 문화

2
거수경례의 품격

군인을 나타내는 대표적인 동작 중 하나가 경례다. 군 예식령 제5조에 따르면 '경례는 국가에 대한 충성의 표시 또는 군인 상호 간에 복종과 신애 및 전우애의 표시로서 행하는 예의이며, 이는 엄정한 군기를 상징하는 군 예절의 기본이 되는 동작이므로 항상 성의를 가지고 엄숙단정하게 행하여야 한다.'고 규정하고 있다. 특히 제복을 입은 군인은 일반인과 달리 상관에게 머리나 허리를 굽혀 인사하지 않고 손을 올려 거수경례를 한다.

거수경례를 하게 된 데는 몇 가지 유래가 있다. 첫째, 중세 기사들이 왕 앞에서 투구를 벗고 인사하던 관습에서 비롯됐다는 견

해다. 프랑스 군사박물관에 방문했을 때 박물관 큐레이터는 다음과 같이 설명했다. '기사들은 경기 전에 왕 앞에서 얼굴을 가리고 있는 투구를 오른손으로 들어 올렸다. 그래야 왕은 그 기사가 누군지를 알 수 있었다.' 거수경례의 관습이 왕 앞에서 기사(Knight)를 식별하는 절차에서 비롯되었다는 것이다. 둘째, 로마시대 말기의 일이다. 암살이 자주 자행되던 시절이었기에 로마 시민은 군인을 만나면 무기를 갖고 있지 않다는 것을 보여주려고 오른손을 들어 올렸다고 한다. 여기서 거수경례가 유래됐다는 것이다. 셋째, 구식 소총을 사용하던 시절 군인들이 모자를 벗고 경례를 했는데, 손에 화약이 까맣게 묻어 있어 경례를 할 때마다 모자가 더러워졌다. 그 대안으로 모자에 손을 살짝 갖다 대는 거수경례로 바뀌었다는 설이다.

어떤 주장이 맞는지는 정확하지 않다. 어쨌든 경례에 대한 예법 중 거수경례는 세계 군인들의 일반적 관례이자 상징이 되었다. 그런데 우리 군의 경례에는 참 애매한 지점이 있다.

우선 국기에 대한 경례 방법을 규정하고 있는 대한민국 국기법 시행령 제3조를 보자.

제3조 (국기에 대한 경례 방법)

「대한민국국기법」 (이하 "법"이라 한다) 제6조의 국기에 대한 경례는 다음 각 호의 구분에 따른 방법으로 한다.

1. 제복을 입지 아니한 국민은 국기를 향하여 오른손을 펴서 왼쪽 가슴에 대고 국기를 주목(注目)한다.

2. 제복을 입지 아니한 국민 중 모자를 쓴 국민은 국기를 향하여 오른손으로 모자를 벗어 왼쪽 가슴에 대고 국기를 주목한다. 다만, 모자를 벗기 곤란한 경우에는 제1호의 방법에 따를 수 있다.

3. 제복을 입은 국민은 국기를 향하여 거수경례(擧手敬禮)를 한다.

군복이 아닌 평상복을 입었을 때 국기에 대한 경례는 반드시 손을 왼쪽 가슴에 얹는 것으로 규정되어 있다. 또 군대의 경우 군예식령 9조에 보면 경례를 생략할 수 있는 경우 10가지를 설명하고 있다.

1. 전투·근무·작업·훈련 및 연습 시에 임무 수행상 부득이한 때

2. 상급자와 대화 중 그보다 하위의 상급자를 만난 때

3. 두 손에 물건을 들고 있거나 기타 사정으로 경례하기 곤란한 자세에 있을 때

4. 차량을 운전하고 있거나 작은 보트인 단정을 조정하고 있을 때

5. 열중에 있거나 경기 중인 때

6. 입원 중에 있을 때

7. 구금 중인 때

8. 전령 또는 특수한 임무를 띠고 구보 중에 있을 때

9. 오락실·도서실·진료실·식당·매점·화장실·이발소·세면장·목욕장·극장·기타 공공집회소 내에 있을 때

10. 교통이 혼잡하여 경례하기 곤란할 때

제2절 개인경례

제14조 (개인경례의 방법)

개인경례는 실내·실외 또는 착모·탈모 시를 막론하고 거수경례를 하되, 무장 시에는 해당 제식에 의한 경례를 한다. 다만, 앉아서 경례를 받는 때에는 수례자는 고개만 숙여서 답례할 수 있다.

문제는 9번째 항이다. '오락실·도서실·진료실·식당·매점·화장실·이발소·세면장·목욕장·극장·기타 공공집회소 내에 있을 때'는 생략할 수 있다고 되어 있으면서, 제2절 제14조에는 '개인경례는 실내·실외 또는 착모·탈모 시를 막론하고 거수경례를 하되'라는 조건을 달았다. 그러다 보니 우리 군에서는 식당, 도서실은 물론이고 심지어 화장실, 목욕탕, 사우나에서도 발가벗은 채로 거수경례를 하는 어색한 상황이 벌어지기도 한다. 아무리 동방예의지국이라 하더라도 차마 웃지 못할 모습이다.

미군의 경우는 규정이 매우 단순하다. 건물 밖에서는 항상 모자를 쓴다. 그리고 모자를 쓴 상태에서는 거수경례를 한다. 건물 안에서는 모자를 벗는다. 그리고 모자를 쓰지 않은 상태에서는

거수경례를 하지 않는다. 이 때문에 건물 안 통로, 식당, 화장실, 샤워장 등에서 거수경례를 할 일이 없다. 또 건물 안에서 각종 행사, 회의 등을 할 때 모자를 쓰지 않은 상태에서는 거수경례를 하지 않는다. 차렷하고 부동자세를 취하는 것이 일종의 경례인 것이다.

우리나라 군 예식령의 경례에 관한 내용도 좀 정비돼야 할 것 같다. 경례의 권위를 더 높이는 계기가 될 수 있을 것이다.

'다 나 까'

군대 관련 인기 드라마 '태양의 후예'에서 특이한 우리 군대의 언어인 '다나까'로 끝나는 문장이 많이 쓰이면서 유행어로 번진 적이 있다. 뿐만 아니라 '~하지 말입니다'라는 이상한 용어가 젊은 남녀들 사이에 유행어가 되어 '밥 먹었어?' 라고 물으면 '아직 안 먹었지 말입니다.'라고 대답하는 모습을 자주 보곤 했다.

왜 우리 군대에서는 어법에도 맞지 않고 일반인들도 잘 쓰지 않는 이 같은 말들을 일상적으로 사용할까? 군대어법에서 가장 중요하게 여기는 것은 간결성과 명확함이다. 전투 현장에서 오고가는 말들은 분명하고 정확하게 전달돼야 하기 때문에 말의 끝을 '다나까'로 마치게 했다고 한다. 가장 설득력 있는 해석이다. 그리고 "했어요. 그래요."라는 식의 말은 좀 나약한 어조로 들릴 수 있어 좀 더 강해 보이는 말로서 '다나까'로 끝나는 말을 선호하게 되었다고도 한다.

'다나까'에서 중간의 '나'는 영어로 or 이다. 그러니까 '다나까'는 '다' 또는 '까'로 끝나는 말이다. 예를 들면 '수고하셨습니다.' '잘 모르겠습니다.'라는 표현이라든지 '다시 한번 말씀해주시겠습니까?', '이렇게 하면 되겠습니까?' 라는 식이다.

그런데 병사들 간에 끝에 '다' 또는 '까'를 붙이기 애매한 상황이 있다. 예를 들면 '식사 맛있게 하세요.' 같은 인사이다. 병사들은 이 경우에도 '다나까'로 말하기 위해 '식사 맛있게 하시지 말입니다.'라는 요상한 표현을 쓰게 되는 것이다.

'다나까'로 끝나는 어투는 사실 나쁜 것이 아니다. 군대의 전유물도 아니다. 간결하고 정확한 화법을 요구하는 직종에서는 많이 쓰이고 있다. 특히 항공기 승무원, 호텔 직원, 은행원, 식당 등 서비스 업종의 종사자들과 각종 회의나 강연장 등 예의와 격식을 차려야 하는 곳에서는 이런 화법을 많이 구사한다. '다나까' 화법은 어미가 길어지지 않게 하기 때문이다. 그러니까 군대에서의 '다나까' 화법으로 하면 틀린 것이 아니라 '~하지 말입니다'라는 표현이 어법에 맞지 않는 것이다.

어디 이뿐이랴. 군대에서는 가끔 일반인이 쉽게 이해하지 못하는 단어를 쓰곤 한다. 대표적인 사례가 제한이란 말이다. 군인들은 '무엇을 할 수 있느냐, 없느냐.'라고 물으면 할 수 있을 때는 "가능합니다."라고 표현하고 할 수 없을 때는 "제한됩니다."라고 말한다. 일반인은 제한된다고 하면 어떠한 기준치에 못 미쳐서 곤란하다는 뜻으로 이해한다. 본인의 의지가 아니라 다른 요인에 의하여 곤란하다는 뜻이다.

그러나 군대에서 제한은 '불가하다.'는 뜻에 가깝다. 군인들은 상관의 지시나 명령에 '안 된다.'는 표현을 쓰기 싫어한다. 그래서 대신 제한이라는 말을 선호하는 것이다.

또한 군대에서는 자신의 아내를 가족이라고 호칭하기도 한다. '가족과 함께'라는 말은 '부인을 동반하라.'는 의미이다. 미국에서 근무할 때의 일이다. 대사관에서 근무하는 사람들이 부부동반으로 모여 부인 소개를 하는 시간이었다. 대부분 주재원들의 부인들은 '누구누구의 처입니다.' 또는 '아내입니다.'라고 표현을 하였는데, 어느 군인의 부인은 일어나 '누구의 가족입니다.'라고 소개를 했다. 그러자 잠시 몇몇 사람들이 웃었던 기억이 있다. 한 사람은 농담 삼아 "아이들도 같이 왔나요?"라고 다소 비아냥대는 듯한 말을 하기도 했다.

가족이란 말은 부부를 중심으로 하는 친족 관계에 있는 사람들의 집단이거나 그 구성원을 총체적으로 일컫는 말이다. 언젠가 석학인 이어령 선생께서 자기 부인을 가족이라고 부르는 것은 잘못된 표현이라고 지적했다는 이야기를 들은 적이 있었다. 어찌 보면 차라리 식구라는 표현이 더 좋을 수도 있다. 식구는 한집에서 함께 살면서 끼니를 같이하는 사람을 뜻하고, 집식구라는 말은 자기 아내를 겸손하게 이르는 말이기도 하기 때문이다.

우리 군대에서 통용되는 언어가 사회의 통념과 상식에 어긋난다면 이 또한 군대에 대한 인식이 부정적으로 비칠 요인이 될 수 있을 것이다. 군대에서 쓰는 용어나 언어를 올바로 정립해 나아가는 일도 우리가 깊이 생각해 볼 사안이다.

군대이야기,
감동이 있는 스토리텔링으로

스토리텔링이란 스토리(story)와 텔링(telling)의 합성어로서 말 그대로 '이야기하다'라는 뜻이다. 다시 말해 상대방에게 알리고자 하는 바를 흥미롭고 생생하고 설득력 있게 전달하는 행위이다. 미국 영어교사 위원회는 스토리텔링은 음성(voice)과 행동(gesture)을 통해 듣는 사람에게 이야기를 전달하는 것이라고 정의하기도 한다. 우리 일상생활에서도 스토리텔링은 여러모로 유익하고 설득력 있는 수단으로 이용되고 있다. 스토리텔링은 인류가 등장한 이래 인간끼리의 의사소통에서 있어 늘 중심적인 역할을 해왔다. 이야기는 어떤 논리적인 설득보다도 사람의 마음을 움직이는 힘이 강하다. 그래서일까. 스토리텔링은 다양한 분야에서 주목받고 있다. 정보를 단순히 전달하는 것이 아니라, 전달하고자 하는 정보를 쉽게 이해시키고, 기억하게 하고, 정서적 몰입과 공감을 이끌어내는 특성을 가지고 있어서다.

미래학자 롤프 옌센(Rolf Jensen)은 "세상은 이미 물질적인 부가 아닌 문화와 가치, 생각이 중요해지는 꿈의 사회로 진입했으며, 이러한 사회에서는 브랜드보다 고유한 스토리를 팔아야 하며 이제 스토리텔링을 배우지 못한다면 사람들을 설득할 수 없다. 설득할 수 없다는 것은 원하는 것을 얻지 못한다는 의미와도 같다."라고 단언한다. 스토리텔링 중에서 가장 설득력이 있는 것은 자신이 직접 경험한 이야기를 하는 것이다.

▽ **육군 수색 부대가 작전 중이다. 이런 훈련들이 스토리텔링의 요소가 되는 것들이다.**

주변 사람들이 겪은 이야기, 책이나 언론을 통해 접한 이야기 등은 흥미는 있을 수 있어도 설득력은 떨어진다. 자신만이 겪은 경험이야말로 가장 차별되고 창의적인 이야기가 될 수 있다.

우리나라 남자들은 군대와 관련해서 다양한 스토리를 갖고 있다. 그래서 둘 이상만 모이면 군대 이야기가 만발한다. 오죽하면 여자들이 가장 싫어하는 말이 남자들의 군대 이야기, 축구 이야기라고 할까. 남자들에게 군대란 폐쇄되고 경직된 조직 사회 속에서 겪는 젊은 시절의 아픈 추억이기도 하고 때로는 자랑스러운 무용담이기도 하다. 군인들이 말하는 군대 스토리는 바로 군대문화를 상당 부분 대변하고 일반인들에게 군대문화를 이해시킬 수 있는 기회이기도 하다.

그런데 군인들은 대체로 과장된 표현을 많이 한다. '철통같은 방어 태세', '물샐 틈 없는 경계', '안 되면 되게 하라.' 등의 상식적으로 납득이 안 가는 구호를 쓰기도 하고, 작전이란 늘 기상에 민감한데도 전천후에도 가능하다는 구호를 쉽게 사용한다. 병사들의 경우는 "야외 작업 시 포클레인보다 빠르게 삽질을 했다.", "축구만 하면 기본 3골 이상은 단독 드리블로 넣었다." 등은 기본이고, 각종 대포란 대포는 다 쏴본 것처럼 무용담을 늘어놓기도 한다. 부대에서 일어난 주요한 작전과 임무는 모두 자기가 다 해결했다고 침 튀기며 연인에게 자랑하기 다반사다. 순진한 여성들은 존경하는 눈길을 보내며 박수로 존경을 표시하곤 한다. 어쩌면 그 맛에 군대 이야기를 할 것이다. 군대 갔다 온 사람이라면 누구나 공감할 수 있는 얘기이다. 보통 그 이야기가 이른바 뻥이라는 걸 알아차리는 데는 시간이 얼마 걸리지 않는다. 그런데 자꾸 뻥을 치게 되면 군인에 대한 신뢰가 떨어질 수밖에 없다. '군인은 뻥쟁이'가 되는 것이다.

이제부터라도 모든 군인들은 군대 이야기를 할 때나, 자신의 역할에 대해서 말을 할 때 좀 과장은 하더라도 지나치게 확대하거나 포장하는 건 자제했으면 한다. 웃기려고 하는 말이 상대방에게 과장된 진실로 전달되어서는 곤란하다. 시쳇말로 자신은 예능으로 이야기했는데 상대는 다큐로 받아들이는 경우도 있다. 다소 힘들었던 추억이 지나치게 괴로웠던 경험으로 과장되어 왜곡 전파되면 군에 대한 불신만 커질 뿐이다.

과장된 군대 이야기가 군대 가는 것을 두렵게 만들 수 있고, 일반인, 특히 여성들에게는 군대가 혐오스러운 곳으로 비칠 수도 있다. 그렇기에 이제부터라도 장병들이 군대 문화에 대하여 자랑스럽게 스토리텔링할 수 있는 분위기를 만들어 주면 좋겠다. 우리 군대의 잘못된 관행과 시대에 맞지 않는 각종 제도와 행사들을 고쳐 나가면서 군대문화를 가치 중심적이고 본질적 의미에 충실하도록 바꾸어 주는 노력이 필요한 이유가 여기에 있다.

군가를 불러라

한 음악평론가로부터 재미있는 이야기를 들은 적이 있다. 사람이 평소에 부르는 노래가 매우 중요하다며, 자기가 자주 부르는 노랫말처럼 인생이 바뀌기도 한다는 것이다. 예컨대 이별 노래를 자주 부르면 사랑하는 사람과 헤어지고, 사랑과 만남을 주제로 한 노래를 자주 부르는 사람은 좋은 사랑을 만들고 만남을 계속 이어 간다는 것이다. 그 평론가는 우리가 그냥 부르는 노래 한 소절이 자신의 마음과 뇌 속에 자리 잡아 자신의 무의식 세계를 움직인다면서 항상 노래를 부르더라도 밝은 노래, 흥겨운 노래, 희망의 노래를 부르라고 조언했다.

굳이 말할 것도 없이 음악은 생각과 감정을 전달하는 언어다. 특히 여러 사람이 동일한 언어로 같은 음률에 맞춰 동시에 노래한다면, 그것은 그 조직을 하나의 공동의식체로 묶어 내는 커다란 힘으로 작용한다. 그래서 역사적으로 조직과 집단에는 구성원들의 일체감을 조성하기 위한 상징적인 노래가 존재해 왔다. 나라마다 국가(國歌)가 있고, 학교에는 교가가 있듯이 모든 나라의 군대에는 군가가 있다.

무형 전력의 한 축을 담당하는 군가는 역사와 전장(戰場)의 중심에서 군인들과 늘 함께해 왔다. 최첨단의 무기 체계라 해도 그 유형 전력을 움직이는 것은 사람이다. 그리고 장병의 이성과 정서를 지배하는 것은 무형 전력이다. 이러한 무형 전력을 극대화하는 효과적인 수단이 바로 군가다. 군가에는 수많은 전장 속에서 생과 사를 넘나들었던 선배, 전우들의 용기와 애환이 담겨 있다. 군가를 부른다는 것은 단순한 노래를 부르는 것이 아니다. 군인들의 의지와 혼(魂)을 노래하는 것이다.

2017년 6월, 서울 잠실 롯데콘서트홀 무대에서 대한민국 군가 합창단 공연이 있었다. 나를 포함한 예비역 군인과 군가를 사랑하는 일반인들이 모여 만든 순수 민간 합창단의 정기공연이었다. 50대 이상의 멤버들로 구성된 합창단이었지만, 군가를 부르는 그들의 눈빛은 젊은 시절 산하를, 바다를, 하늘을 바라보던 광채가 그대로 살아있음을 느낄 수 있었다. 특히 과거 일제 치하에서 광복군이 부르던 '독립군가'에 입을 맞췄을 땐 모든 관객이 숙연해졌다.

신대한국 독립군의 백만 용사야
조국의 부르심을 네가 아느냐
삼천리 삼천만의 우리 동포들
건질이 너와 나로다
나가나가 싸우러나가
나가나가 싸우러나가
독립문의 자유종이
울릴 때까지 싸우러나가세

당시 조국 독립을 위해 싸우던 선조들의 외침이 가슴에 울리는 듯했다. 어려운 여건 속에서 서로를 격려하며 나라를 찾겠다는 강한 의지를 불태우며 불렀을 독립군을 생각하면 지금 우리가 누리는 행복에 감사한 마음까지 들었다. 이것이 노래의 힘일까? 군인은 군가 속에 담긴 메시지를 공유하고 군인정신을 함양하며 사기 진작과 단결을 도모할 수 있다. 그 결과 전투의 두려움을 없애고 적과 싸워 이길 수 있는 용기를 갖게 한다. 그렇기에 군인은 스스로 자신들의 노래인 군가를 소중히 여겨야 하며, 힘차게 불러야 한다.

그런데 최근 들어 군대에서 군가 소리가 사라져 간다는 소식이다. 왜 군가가 군인들에게서 멀어져 갈까? 근본적인 이유가 여럿 있겠지만 군대생활의 급속한 변화를 가져온 병영환경 개선이 첫 번째 이유일 것이다. 과거에 군가를 가장 많이 부르는 시간은 식사하는 장소로 이동할 때이다. 생활관(내무반)과 식당의 거리가 상당히 떨어져 있어서 군가 몇 곡은 불러야 갈 수 있었다. 하지만 지금은 부대 내 식당이 대부분 생활관 인근에 있고, 식사 이동도 자유롭게 이루어진다. 병영 환경의 변화로 하루 일과 중 군가를 가장 많이 부를 수 있는 시간이 없어져 버린 것이다. 둘째, 젊은 장교에서 부사관, 병사에 이르기까지 군가에 흥미를 갖고 있지 않다. 단체 활동 시간에 군가 잘 부르는 장병보다 소위 아이돌 스타들의 최신 가요를 잘 부르는 장병이 더 인기를 끈다. 그래서 군가를 부르는 장병들이 점점 더 줄어든다. 그리고 지휘관과 장교들의 관심 소홀과 의지 부족이다. 장교들은 병사들이 싫어한다는 이유로 군가를 부르게 하지 않는다. 장교들 스스로도 군가에 대한 관심이 없다. 안타깝게도 장교들은 병사들이 싫어하는 것을 강요하면 그 자체가 가혹행위로 간주될 수 있다는 우려로 권장하지 못하는 군 풍토도 한몫한다.

분명 군가는 군인정신과 전투의지 함양에 있어 어떤 방법보다도 효과적이다. 군가가 함축하고 있는 노랫말과 멜로디는 역동적이고 용기를 북돋아 자신감을 심어준다. 첨단 무기로 무장한 군인들보다, 내 나라 내 가족은 내가 지킨다는 강한 정신력으로 무장한 군인이 더 강한 군대를 만들어 왔다. 남북 긴장 사태를 만드는 북한의 핵 위협보다 더 무서운 것은 우리의 공포심과, 사기 저하로 인한 패배의식이다. 군인으로서의 소명과 정신적 힘을 불러일으키는 정신전력의 중요 요소가 바로 군가일진대, 우리 군이 세대를 뛰어넘는 좋은 군가를 많이 만들어 애창할 수 있으면 좋겠다. 군부대 안에서 군가가 우렁차게 울리기를 기대해 본다.

음식은 문화다

일본 해상자위대의 카레라이스

일본은 종전 70주년을 기념하기 위해 2015년 10월에 대규모 해상 군함 퍼레이드 행사인 '국제관함식(International Fleet Review)'을 개최했다. 우리 구축함인 대조영함을 비롯해 미국, 인도, 호주, 프랑스 함정이 참가하고, 일본 해상자위대 함정 36척, 항공기 37대가 동원된 대규모 국제 해군 행사였다. 함정 참가 국가는 대표로 장성을 파견하는데, 나는 한국군 대표 장성의 자격으로 국제관함식을 참관했다. 주요 우방국 군함이 참가한 국제관함식에서 군사 교류와 협력적 해상 안보를 위한 각종 행사가 펼쳐졌다. 특히 바다 위에서 일본을 포함한 한국, 미국, 인도, 호주, 프랑스 등의 국가들이 파견한 군함이 함께 퍼레이드를 벌이는 장면이 행사의 클라이맥스였다. 퍼레이드 행사에는 아베 신조 총리가 참관을 했는데, 지정된 구축함에서 일본 자위대 주요 장성들과 함께 오찬을 하면서 행사가 시작되었다.

나는 퍼레이드에도 관심이 있었지만 일본 해상자위대의 함상 식사가 더 궁금했다. 일본 총리가 군함에 타면 무슨 식사를 할까? 궁금증이 생겼다. 당시 나를 안내했던 일본 해상자위대 제독과 안내 대령에게 물었더니, 답은 매우 간단했다. 귀빈이 와서 식사를 하면 항상 동일한 메뉴가 제공되는데, 바로 유명한 일본해상자위대 카레라이스라는 것이다. 장병들이 평상시에 가장 즐겨 먹는 음식이란다. 일본 해상자위대 카레라이스는 해상자위대의 대표적인 군대음식이다. 그는 해상자위대 카레라이스의 역사적 스토리를 설명해 주었다.

카레라이스는 러일전쟁 승리의 주역 도고 헤이하치로 제독으로부터 시작되었다고 한다. 도고 제독은 소령 시절인 1871~1878년에 영국 포츠머스에서 유학했다. 인도 요리인 마살라가 인도를 식민 지배한 영국에 건너가 발전하여 영국 요리인 카레가 되었고, 이 음식은 영국 해군의 식단에 포함되어 있었다. 그는 영국 해군의 식단을 보고 카레를 사다가 닭고기, 당근, 양파, 감자 등을 넣고 끓여 밥과 함께 먹었다. 카레로 영양을 보충하면서 힘든 유학 생활을 견뎌냈다.

도고 제독이 영국 유학을 마치고 귀국 한 후, 당시 세계 최강이던 영국해군의 제도와 문물을 벤치마킹했다. 그중 하나가 영국 해군의 식단이던 카레를 일본식으로 변형해 일본 해군의 식단으로 채택한 것이다. 이것이 전후 일본의 일반 사회로 퍼져 나가 국민 음식이 되었다. 즉, 일본 카레의 시작은 일본 해군의 짬밥(?)에서 비롯됐다는 것이다. 또 이 시기엔 군대에 비타민 B1이 부족해 생기는 각기병 환자가 많이 발생했는데, 육군에 비해 해군이 현저하게 적은 것은 카레라이스 덕분이었다고도 한다. 도고 제독은 이 카레라이스가 좁은 함상에서 장기간 해상 작전을 해야 하는 해군에 적합한 음식이라고 판단하고 마침내 표준 메뉴로 지정했다고 한다.

나는 이 이야기를 듣고 많은 생각을 하게 됐다. 요코스카 시내의 호텔에 묵고 있었는데, 마침 식사 메뉴에 카레가 있어 먹어 보았다. 닭고기, 당근, 양파, 감자가 들어 있는 카레를 밥과 함께 먹으니, 별다른 반찬 없이도 맛있는 한 끼 식사가 되었다. 관함식 다음 날 일본 해상자위대 해상막료장 다제이제독과 개별 오찬을 했다. 미국에서 1년간 같은 학교에서 공부했던 친구라 편안하게 대화를 할 수 있었다. 여러 가지 이야기 중에 해상자위대 카레라이스에 대해 더 많은 것을 알게 되었다.

일본은 청일전쟁 승리 이후 러시아 제국에 대항하기 위해 군비를 확충했다. 그 중심 전력으로 66 함대 구축계획(전함 6척, 장갑순양함 6척 배치 계획)이 수립되었다. 미카사함 건조도 포함되어 있었다. 해상전투의 기함(지휘함)으로 사용될 미카사함은 영국에서 건조하고 있었다. 1900년 11월 8일 배로인퍼니스(Barrow-in-Furness) 조선소에서 진수해 1902년 3월 1일 사우샘프턴에서 일본 해군에 인도되었다. 3월 13일에 영국 플리머스를 출항하여 수에즈 운하를 경유해 5월 18일 일본 요코스카항에 도착했다. 이때 연합함대 사령관인 도고 제독은 영국에서 미카사함이 출항할 때 카레를 가능한 많이 싣고 오라고 지시했다. 이후 이 카레를 이용한 식단이 일본 해군 전체에 사용되기 시작했다. 당시는 러일해전을 위해 바다에서 쉼 없이 훈련을 하던 시기였고, 이렇게 간편하고 유용한 카레라이스가 매우 유용한 군함의 식사가 됐다.

1905년 5월 도고 제독은 이 미카사함에서 러일해전을 지휘해 러시아의 발틱함대를 격파했다. 일본은 러시아 함대 38척 가운데 21척을 격침시키는 완승을 거두었다. 러시아 발틱함대는 수에즈 운하가 봉쇄되면서 아프리카 남단을 돌아와야 했다. 때문에 많은 승조원이 장기간의 항해로 피로와 각기병에 시달려 전투력이 매우 약화된 상태였다. 발틱함대의 패전으로 러일전쟁은 일본의 승리로 마침표를 찍게 됐다. 서구 열강이 군사력을 앞세워 아시아 곳곳을 식민지로 삼던 시절, 1905년 러일전쟁의 승리는 일본이 세계무대로 나아가는 결정적인 발판이 됐다. 러일전쟁의 결과로 조선도 일본에게 굴욕적인 강제 병합을 당하고 말았다.

이렇듯 일본이 세계사의 강대국으로 등장하게 된 데는 카레라이스가 한몫했을지도 모른다. 그 이후 카레라이스는 도고 제독과 러일전쟁과 관련해 두고두고 회자되는 역사적인 음식이 되었다. 해상막료장의 말에 따르면 지금도 해상자위대 함정, 육상부대 등 모든 부대는 매주 금요일 점심에 카레라이스를 먹는다고 한다. 심지어 한국에 파견된 일본 해군무관도 금요일 점심에는 카레라이스 먹으려고 이태원의 카레 전문 식당을 찾는다고 한다. 요코스카 군항에서는 매년 국민들을 대상으로 부대별 카레라이스

경연대회도 개최한다. 카레라이스 이야기를 듣는 동안 문득 떠오른 생각이 하나 있었다.

'해상자위대 군인들에게 카레라이스를 먹게 하는 건 선배들이 이룩한 러일해전의 승리를 잊지 말자는 무언의 교육 같은 게 아닐까.'

카레라이스 한 그릇에 담긴 일본 해상자위대의 정신적 힘을 느낄 수 있었다면 지나친 상상일까?

토요 브런치 (Brunch)

미국 대사관에서 근무할 때의 일이다. 약 한 시간 거리인 아나폴리스에 미 해군사관학교가 있다. 이곳에는 일요일에 생도들에게 아침과 점심 대신 오전 10시에 브런치를 제공한다. 그런데 이 브런치는 일반인도 먹을 수 있다. 주말에는 사관생도들이 외출, 외박을 많아서 늦잠을 자는 생도들에게 브런치를 제공해도 좌석에 여유가 생긴다.

사관생도 가족들이나 일반인들이 미리 티켓을 구매하면 누구나 생도식당에서 브런치를 즐길 수 있다. 생도 식사 체험의 기회를 주기 위한 것이다. 메뉴는 오믈렛이다. 사관생도용이라 그런지 크기도 그렇지만 맛도 좋다. 나는 대사관 직원 가족들을 초청해서 자주 가곤 했다. 사관학교 견학도 하고 식사까지 할 수 있어서 매우 인기가 좋았다.

그 후 한국에서 군수사령관을 하면서 주말에 병사들의 일과를 확인해 보았다. 최근에는 병영 생활이 개선되어 특별한 근무가 있지 않는 한 휴일에는 늦잠이 허용된다. 생활관(내무반)에서는 자유로운 휴식이 보장되고 식사도 본인의 희망에 따라 할 수 있다. 그래서 토요일에는 아침 식사를 많이 하지 않는다. 주로 늦잠을 자기 때문에 병사들이 정해진 아침 식사 시간을 지키지 못한다. 그런데 식당에서는 인원수에 맞는 식사를 준비해야 한다. 결국 남는 음식은 버리게 되어 주로 잔반 처리업자가 사료로 쓰려고 가져간다.

늦게 일어난 병사들은 삼삼오오 모여 부대 안의 매점으로 향한다. 그곳에서 각종 냉동식품이나 과자 등으로 요기를 한다. 이어서 바로 점심시간이 되는데 더부룩한 상태로 식당에 올 리 만무하다. 결국 점심때에도 식당에는 밥 먹는 군인이 거의 없어 많은 양의 음식이 버려지게 된다. 오후에는 운동이나 사지방(사이버지식방)에서 시간을 보내다 서너 시쯤에 허기진 배를 달래려고 매점으로 달려가 또 냉동식품이나 과자로 배를 채운다. 그러니 저녁 식사도 먹는 둥 마는 둥이다. 물론 부대마다 다르겠지만 소위 후방 지역의 군부대에서는 흔한 모습이다.

아들을 군에 보낸 사람들의 얘기를 들어보면 요즘 병사들은 주로 신용카드를 사용하는데 부모들 스마트폰에 카드가 연결되어 있어서 아들이 쓸 때마다 문자로 뜬다고 한다. 토요일이 되면 유난히 카드 결제가 급증한다는 것이다.

내가 있던 부대는 대부분이 행정요원들이었다. 주말에는 소수의 당직 근무자 외에는 별다른 근무가 없었다. 나는 고민하던 끝에 미국 해군사관학교 브런치를 생각해 냈다. 300여 명이 식사하는 식당 한 군데를 먼저 바꿔 보기로 했다. 우선 병사들이 참여하는 급식위원회를 열어 메뉴를 선정하였는데 햄버거가 압도적 1위였다. 아침과 점심을 합쳐서 한 번의 식사를 하다 보니 한 끼 식사의 양과 질이 높아질 수밖에 없었다. 정해진 메뉴는 햄버거, 수프, 과일이나 야채샐러드, 닭튀김, 우유 등이었다.

매주 토요일 오전 10시 30분에서 11시 사이에 토요 브런치가 생겨난 배경이다. 아침에 늦잠을 자고 식당에 와서 브런치를 하고 이후에 운동 등 자유시간을 보내면 저녁 식사 때에는 자연스럽게 식당에 와서 정해진 식사를 하게 됐다. 병사들은 대만족이었다. 또한 남아 버려지는 음식이 현저하게 줄었다. 덤으로 매일 새벽에 일어나 식사를 준비하는 조리병들도 토요일에는 조금 늦게까지 잘 수 있었다.

모든 부대가 동일한 여건일 수는 없다. 다만 부대 상황에 맞게 조절한다면 주말에 매점에 줄 서 있는 병사의 모습보다 양질의 식사를 즐겁게 하는 풍경을 볼 수 있게 될 것이다. 젊은 장병들의 의식과 생활이 변화하는데 기존의 방식으로는 소통이 힘들 수밖에 없다. 기존의 룰에 빠져 있을 것이 아니라 상황에 맞게 새로운 룰을 만들어 가는 노력이 바로 개혁이고 혁신이다.

변화

군대문화 개혁의 첫걸음

국가 보위의 최전선이라 말할 수 있는 군대가 신뢰받지 못하고 있다는 건 국가적 비극이 아닐 수 없다. GOP 총기난사에 이은 집단구타 사망, 관심병사 자살, 성추행, 군 장성의 음주 추태와 비리 등 최근 군을 둘러싼 사건, 사고가 끊이지 않고 있다. 더욱이 이 과정에서 군이 은폐·축소했다는 의혹까지 더해지면서 군에 대한 불신은 더욱 깊어지고 있다.

변화해야 한다는 건 우리 군이 부여받은 시대적 사명이자, 국민이 내린 명령이다. 과거의 잘못된 관행을 과감히 잘라내고 새롭게 변화해야 한다. 겸손한 자세로 국민들의 요구를 경청해야 하며 국민들과의 격의 없는 소통을 통해 믿을 수 있는 군대로 변화해야 한다. 신뢰받는 군대로 거듭나기 위한 여러 가지 방안이 논의되고 있겠지만 군 변화 및 군 혁신의 첫걸음은 군대문화 개혁에서 시작되어야 하지 않을까 싶다.

우리나라는 광복 이후 70여 년 세계 어느 나라에서도 찾아보기 힘든 빠른 변화와 성장을 겪었다. 분단국가, 전쟁의 폐허라는 악조건하에서도 성실한 국민성을 바탕으로 악착같이 노력한 결과, 이른바 '한강의 기적'을 일구었다. 하지만 고속성장과 산업화를 이룩하면서 오랫동안 우리 사회를 지배해 온 규범과 가치 체계가 변했다. 그 대표적 집단이 바로 군대라는 조직이다. 특히 일제강점기, 남북 분단과 6·25전쟁, 5·16쿠데타, 베트남 파병 등을 거치면서 우리 사회에서 군대가 지니는 사회적 영향력은 매우 강해졌다.

게다가 5·16쿠데타 이후 강화된 징병제는 모든 한국 남성들이 젊은 시절 일정 기간을 군대에서 보내야만 하는 통과의례로 만들었다. 이뿐만 아니라 1969년부터 고등학교, 대학교에서 교련 교육이 실시되면서 우리 국민들은 군대에 가기 전 학교에서부터 군대식 훈련과 교육을 받고 성장할 수밖에 없었다. 계속되는 북한의 위협으로부터 우리 자신을 지키기 위한 불가피한 일이었다. 그러다 보니 학교 교육에서부터 사회 곳곳으로 규율과 복종, 획일화, 집단화라는 군대문화가 확산되었다.

하지만 이젠 과거와는 완전히 다른 사회 환경 속에서 새롭게 학습된 세대의 장병들이 우리 군대의 주축을 이루고 있다. 이들은 학교에서 교련이라는 것을 받아 본 적도 없고, 교련이란 말이 무엇인지조차 모른다. 한마디로 민주화된 사회의 자유로운 환경에서 자란 세대들이다. 최근 들어 군 내에서 발생하는 비정상적인 문제들, 각종 사건들은 이렇게 세상은 바뀌었는데 우리의 군대문화는 제대로 진화하지 못한 데 큰 원인이 있다고 본다.

군대문화는 모든 군인들이 공유하는 정신활동과 생활양식의 총체라 할 수 있다. 우리 군인들이 공유하는 가치관, 사고방식, 행동양식, 복장과 신념 체계까지 포함된 개념이다. 여기에는 군인들 개개인의 도덕적 가치도 포함된다. 그렇지만 군대는 사회 다른 조직과 차별성을 지닐 수밖에 없다. 그 임무와 역할이 이익을 창출하는 것이 아니라 가족과 나라를 지키는 것이기 때문이다. 그래서 군대문화는 더욱 고급스러워야 하고 사회의 존경을 받는 것이어야 한다. 새로운 군대문화의 확립이 더욱 강한 군대로 거듭나는 첩경이다.

군 골프장?
체력단련장!

미국 워싱턴에서 근무할 때 많이 가던 곳 중의 하나가 앤드루스 공군기지 골프장이다. 운 좋으면 골프 치러 온 대통령과도 마주친다. 앤드루스 공군기지 외에도 하와이 히컴 공군기지와 해군, 해병대 기지에도 근사한 군 골프장이 있어서 여러

번 라운딩을 했다. 이처럼 미국 부대에는 좋은 환경의 골프장이 많다. 괌의 앤더슨 공군기지, 군산 공군기지와 오산 공군기지 등 해외 부대에도 골프장은 거의 필수다. 공군기지에 골프장이 있는 건 늘 비상 대기를 해야 하는 공군 조종사들을 생각해 만든 일종의 배려이자, 자연스러운 통제 차원이다. 우리나라도 군부대 내에 또는 인근에 골프장을 만들어 놓았다. 군 지휘관이나 장교, 부사관들이 긴급 상황 발생 시 부대로 즉시 복귀할 수 있도록 가까운 곳에서 체력을 단련할 수 있게 만들어 놓은 것이다. 그런데 어찌 된 일인지 우리 군대에서는 골프장이라 부르지 않는다. 체력단련장이란 이름만이 있을 뿐이다.

그렇다면 체력단련장이 뭔가? 군 장병이 체력을 단련하는 장소 아닌가? 그 명칭처럼 이곳에서 군인들은 항상 마음 놓고 편하게 체력을 단련할 수 있어야 한다. 휴일은 물론이고 매주 수요일 오후 체력단련 시간에도 마음 편히 사용할 수 있어야 한다. 그런데도 안보 상황이 조금만 이상하면 군에서 가장 먼저 내리는 조치가 바로 체력단련장 출입 금지다. 지시가 떨어지면 군 체력단련장에서 현역 군인 및 군무원은 체력을 단련할 수 없다. 앞서 언급한 대로 군 체력단련장을 부대 내 또는 인근에 만든 것은 주요 직위자들이 항시 긴급 소집이 가능하도록 한 것이 주된 이유인데도, 사용을 할 수 없다. 참 아이러니컬한 일이다. 특히 휴일에 체력단련장 출입이 금지되면, 부대에 근무하는 많은 지휘관, 장교, 부사관들은 부대 인근의 산에 올라가는 경우가 많다. 아니면 부대 주변에서 시간을 보낸다. 비상 대기 차원에서 오히려 부정적인 일들이 벌어지고 있는 것이다.

이제 우리 군이 좀 당당해질 필요가 있다. 골프장을 골프장이라 이름을 붙이든지, 아니면 당당하게 군인들의 체력단련 용도로 사용하게 해야 한다. 정당하게 복지 차원의 체육시설로 운영을 해야 한다는 것이다. 군 간부의 효율적인 비상 대기 및 복지 증진 차원에서 운영되는 직장체육시설로 법적 인정을 받았음에도, 군사적 긴장 상태가 조성되면 무조건 체력단련장 금지 조치부터 취하는 것은 근본 취지에도 맞지 않는 근시안적인 행동이란 생각이 든다.

격려금과 부대 기념품

'용기나 의욕을 북돋워 주기 위하여 주는 돈'이 격려금이다. 우리 군대에서도 상급 지휘관이 방문하면 의례적으로 격려금을 주는 것이 일상화되어 있다. 실제 합참, 국방부 등 주요 부서에서 큰 과제나 연습, 행사 등을 마치고 나면 포상 개념의 격려금을 주기도 하고, 명절 때가 되면 주요 직위자에게 명절 격려금이 지급되기도 한다. 하지만 미국을 비롯한 군사 선진국은 공식적인 급여 외에 개별이든 부대 차원이든 현금을 주는 격려금 문화가 없다. 그들은 반문한다. 자기가 할 일을 최선을 다해 수행하고 좋은 평가를 받으면 되지 왜 돈을 받아야 하느냐고.

우리는 유독 '격려'라는 말을 많이 쓴다. 상급자는 아랫사람에게 뭔가를 반드시 해줘야 한다는 것이 격려라는 인식으로 자리 잡았다. 사실 말로 하는 칭찬은 해 봤자 별 효과가 없고, 그렇게 고마워하지도 않는다. 그렇다고 돈으로만 할 수도 없는 노릇이다. 우리에게 일상화된 격려금은 예산 항목 자체가 애매하다. 각 군에서 운용하는 복지금은 하급부대별로 재배정되기도 하지만 주요 지휘관의 지휘활동비로, 그러니까 격려용 용도로 많이 사용된다. 어쩌면 격려금은 지휘관의 생색내기나 이벤트용에 불과한 것일지도 모른다. 때때로 격려금으로 인해 바람직하지 않은 결과가 나타나기도 한다. 이 돈의 용도에 따라서 상하 간에 불신이 생기는가 하면, 큰 행사나 중요한 일을 해놓고 격려금을 받지 못하면 허탈감이 드는 경우도 있다.

과거 어려웠던 시절엔 상급기관이나 지휘관으로부터 격려금을 받으면 장병들에게 부족했던 간식이라도 제공하곤 했다. 그러나 지금 우리 군은 각종 군수 지원 분야에서 부족함이 없다. 장병들에 대한 음식 수준이나 복지 수준이 만족할 만한 수준에는 못 미치더라도 아쉬울 정도는 아니다. 격려의 진정한 의미는 마음으로 하는 것이며, 정당한 평가와 합법적 포상에 의해서 이뤄져야 한다.

미국에서 근무할 때 미국군 예산서를 본 적이 있다. 우리의 판공비와 같은 미 합참의장의 예산이 1년에 8000달러(약 800만 원)라는 것을 보고 놀랐던 적이 있다. 800만 원의 금액 자체에도 놀랐지만, 그 돈의 용도를 보고 또 한번 놀랐다. 주로 예하 부대 방문 때에 격려용으로 사용되는 코인(Coin) 제작비였다. 합참의장 문장이 새겨진 코인, 그것이 전부라니… 하지만 미국 장병들에게 그 코인은 돈으로 환산될 수 없는 무언의 가치가 담겨 있다. 합참의장은 오른쪽 손바닥에 코인을 넣고 장병들과 일일이 악수하면서 그 코인을 전달한다. 코인을 통해 서로의 체온을 느끼면서 우리는 하나라는 뜨거운 동지애를 공유한다. 그렇다. 격려는 진정한 마음으로, 그리고 평가로 이루어지는 것이지 돈으로, 물질로 이루어지는 것은 아니다. 군인은 국가를 방위한다는 명예 그 자체로 사는 사람들이다.

부대 기념품도 그렇다. 한때 전방 지휘관이 부대를 순시하던 중 경례를 잘한 병사에게 지휘관이 차고 있던 손목시계를 풀어 주어 병사의 사기를 높였다는 이야기가 회자되기도 했다. 아예 부대 기념 시계를 차에 많이 싣고 다니면서 수시로 격려했다는 이야기도 있다. 장병들의 소속감을 높이기 위해 부대별로 기념 시계나 모자 등을 만든다. 일반인도 부대를 방문하면 기념 모자 하나씩 얻어 쓰는 것을 당연히 여긴다.

◁ 미 7함대 사령관 기념 코인

▽ 문무대왕함 기념 코인

▽ 미 합참의장 기념 코인

그러나 어느 군부대든 일반인에게 무상으로 제공할 수 있는 기념품은 없다. 애매한 예산 항목 자체를 편법으로 쓸 뿐이다. 차라리 원하는 사람에게 판매하는 것이 어떨까 싶다. 서로가 부담 없이 당당하게 원하는 사람은 자기 돈을 주고 사면 된다. 미국의 경우 부대에 기념품 판매소가 있다. 장병들이 이용하기도 하고, 방문하는 사람이 자기 돈을 주고 기념 모자나 기념품을 직접 구입한다.

나는 미국 군함을 방문할 기회가 많았다. 대부분의 배에는 함내 매점(Ship Store)이 있어서 이곳에서 기념 모자나 머그(Mug), 코인(Coin) 등을 구입하곤 했다. 내가 구축함장 시절에 미국식의 함내 매점을 운영한 적이 있었다. 이곳에서는 기념 모자, 머그, 티셔츠 등을 판매했다. 승조장병들도 휴가 때 사 가기도 했다.

하루는 국방부장관 부인과 참모총장 부인, 주한미군 장성 부인 일행이 배를 방문했다. 배를 견학하던 중에 참모총장 부인께서 함 내 매점에 진열되어 있는 머그를 가리키며 "이쁘네요. 이거 가지고 싶은데 어떻게 하면 됩니까?" 하고 관리병에게 물었는데 "구입하시면 됩니다."라고 대답했다. 뒤늦게 안 사실인데, 참모총장 부인이 함장인 내게 부담 주지 않으려고 안내 장교를 통해 조용히 몇 개 구입해 갔다. 그 취지에 공감해 본인이 직접 구매했던 것이다. 일반인은 군인들이 쓰는 모자, 셔츠 등 여러 가지 물품에 흥미를 느낀다. 디자인과 색상이 평소에 잘 보지 못하던 것이기도 하고, 가지고 있으면 조금 특별해 보이는 기분도 생긴다.

그러나 이런 기념품은 특별한 행사용으로 제작된 것을 제외하고는 부대 장병들의 복지와 사기진작 등 부대단련을 위해 만들어지는 것이다. 일반인에게 무상으로 나누어 줄 수 있는 것이 아니다. 함부로 손 내미는 일이 있어서는 안될 것이다.

위기일까 기회일까, 군인권보호관 제도

귀한 자식을 군대에 보낸다. 신성한 국방의 의무를 다하고 있는 줄 알았는데, 집 지키는 일, 개인을 위해 밥하는 일, 청소하는 일, 밭 가꾸는 일 등 집에서도 하지 않던 허드렛일들을 하고 있다면 부모의 심정이 오죽할까 싶다. 아니 분노를 넘어 군에 대한 신뢰마저 붕괴될 수 있다. 또 가혹행위를 당한 피해자들은 사망할 지경이 될 때까지, 아무 말 못 하고 참고 있어야만 했을까. 그리고 군대 내부 문제가 군대 내의 감찰 기능이나 군 내부 신고체계 등 국가 공식기관이 아닌, 군대 밖의 일반 시민단체에 신고되고 폭로되는 것을 계속 지켜보아야 할 것인가. 안타깝기만 하다.

결국 장병들이 군내의 신고 체계 자체를 믿지 못해서일 게다. 국방부에는 군인고충심사위원회(인사문제), 국방신고센터(구타, 가혹행위), 공익신고센터(부조리, 부패 등), 부대별 소원수리 등 각종 제도가 만들어져 있다. 하지만 이런 기구를 통해 문제를 해결하고자 하는 노력은 잘 이뤄지지 않고 있다. 신고해 봐야 해결도 안 되고 신고자만 불이익을 받는다는 부정적인 피해의식이 팽배해져 있기 때문이다.

군 내에서 발생한 각종 사망사고, 폭행사건, 비리 중 상당히 많은 경우가 외부 시민단체로 제보가 되어 사실로 확인되는 것을 봐왔다. 대다수 국민들은 제보된 내용에 대한 군의 처리 과정을 못 믿겠다는 싸늘한 반응이다. 군에서 획기적인 개선책을 내놓았지만 크게 바뀌는 것은 없었다. 2014년 4월, 28사단 윤 일병 사망사건을 계기로 구성된 국회 군 인권 개선 및 병영문화 혁신 특별위원회는 2015년 4월, 6개월간의 조사와 연구 과정을 거쳐 국방부에서 독립된 군 옴부즈맨 제도도입 등 개혁과제 정책개선안을 제안했다. 하지만 국방부는 지휘권 보장, 군사보안 침해 등을 이유로 거부했다. 또 군 옴부즈맨 제도는 군 인권보호관이라는 명칭으로 군인 기본법에 설치 규정을 두긴 했으나, 국방부 외 기관으로 둔다는 문구가 제외됐다. 그 설치와 관련해서는 따로 법률을 제정키로 함에 따라 실현을 불투명하게 만들었다.

하지만 지난 8월 25일, 국가인권위원회는 지속적으로 발생하는 군내 인권 침해 사건에 대한 획기적인 대책 마련의 일환으로 군인권보호관 도입을 본격 추진한다고 발표했다. 인권위원회는 군인권보호관이 군 내 인권 침해 사건에 대한 권리구제, 불합리한 차별개선(성폭력 포함), 군부대 내 방문조사, 군 인권 상황 실태조사, 군 인권 교육 등 종합적인 업무를 수행하는 기구로, 군 내 인권보호와 향상을 위해 큰 역할을 수행할 것으로 기대된다고 밝혔다. 이를 위해 〈국가인권위원회법〉개정안을 진행 중인데 정부부처 협

△ 군함이 부두에 입항한 후 수병들이 함께 홋줄을 당겨 배를 육지에 고정시키고 있다. 군의 인권보호는 곧 이들의 사기를 높이는 것과도 직결된다.

의, 입법예고 등 정부 입법 절차를 거쳐 2017년 말까지 법 개정안을 만들어 국회에 제출키로 했다. 이번 개정안에는 군인권보호관의 독립성·전문성 보장을 위해 인권위 내에 군인권보호위원회(위원장은 국회에서 선출하는 군인권보호관)를 두어 관련 업무를 전담하도록 하고, 군 인권 침해 사건 조사의 실질적 효율성 보장을 위해 △군부대 방문조사권 △진정사건 각하사유 및 자료제출 요구 특례 규정 신설 등의 내용이 포함돼 있다.

군인권보호관과 관련하여 문재인 정부는 100대 국정과제 중 '장병 인권 보장 및 복무 여건의 획기적 개선'의 주요 내용으로 인권위 내 군인권보호관 신설을 위한 제도 개선에 관한 사항을 포함시켜 군 내 인권 문제를 한층 강화하겠다는 의지를 표명했다. (국민권익위원회 홈페이지, http://www.acrc.go.kr/acrc/)

결국 군대 내부의 무너진 신고 체계와 불신이 외부의 감찰을 받아들인 셈이다. 군인권보호관은 유럽 국가들이 채택하여 운영 중인 옴부즈맨 제도와 기능이 유사하다. 옴부즈맨 제도는 1809년 스웨덴에서 처음으로 헌법에 명시한 이래 주로 북유럽 국가에서 발전해 온 제도다. 공직자의 직권 남용을 방지하고 인권 보호를 위해 특별히 임명된 외부 인사에게 감찰 및 조사 권한을 위임하는 것이다. 지금은 독일·영국·캐나다·이스라엘·뉴질랜드 등의 나라에서 채택하고 있으며, 점점 확대되는 추세이다. 특히 독일의 경우는 군대에 대한 의회의 통제권 행사 및 군대 권력의 오용 가능성을 방지하기 위하여 연방의회 안에 국방위원회와 독일연방기본법 제45조b에 의한 군사 옴부즈맨을 설치하여 운용하고 있다.

정책, 지휘 통솔의 원칙, 행정, 군 인력, 관리, 해외파병, 현역병 및 예비군 복무, 군대 내의 여성 문제, 직업군인 및 지원복무자 문제, 복지, 장병 및 가족 문제 등 장병들의 기본권 침해 및 지휘 통솔의 원칙 위반 사항 등 군인 인권과 관련된 업무를 총망라하고 있다. 그동안 우리나라는 2006년 12월에 국민권익위원회 안에 〈군사소위원회〉(2008년 이후 제4소위원회로 명칭 변경)를 설치하여 국방 옴부즈맨 기능을 부여하였고, 국방부와 그 산하기구의 국방·병무·보훈·방산 관련 민원 업무와 현역장병 및 군 관련 의무복무자의 고충민원을 해결하는 기능을 수행하고 있다. 국가인권위 관계자는 국민권익위는 주로 행정 처분을 담당하고, 근본적인 군 인권 침해에 관하여는 국가인권위에서 담당한다고 밝혔다.

이제 군 인권 문제는 무너져 버린 내부 신고 체계와 자체 정화 능력 부재로 인해 외부의 여러 곳으로부터 감시되고 통제받는 신세가 됐다. 여기에 일반 시민단체까지 가세하면 자칫 보안이 요구되는 군대 내부의 일까지 적나라하게 노출되지는 않을지 우려되는 부분도 있다. 물론 군 장병의 인권은 지켜져야 되고 부당한 대우를 받는 사람이 있어서는 안 된다. 이를 위해 철저한 감독이 이루어져야 하지만 군대 내부에서도 스스로 무너진 신고 체계에 대한 신뢰를 쌓는 노력이 아쉽기만 하다. 또한 국방부는 자괴감을 떨쳐버리고 오히려 이러한 군인권보호위원회를 통하여 그동안 잘못 알려지거나 과도하게 부풀려진 문제들을 소명할 수 있는 기회라 생각하고 보다 전향적으로 받아들이는 자세가 필요하다고 본다. 위기가 아니라 오히려 기회일 수 있는 것이다. 군 인권 문제는 궁극적으로 신뢰받는 강한 군대를 만든다는 최종 목표를 향해 나아가야 한다.

제3부

단상문화와 소통

3

작은 단(壇), 더 큰 가치

우리나라 군대의 단상 또는 사열대는 웅장하고 큰 편에 속한다. 단상에는 보통 귀빈으로 초대된 사람들이 앉는다. 귀빈 대우를 생각하고 참석했는데, 단상에 오르지 못하면 사람들은 홀대받는 것 같아 불쾌하게 생각하기도 한다. 그래서 단상 자리 문제로 행사 전후에 관계자들이 곤란을 겪고 심지어 질책을 받는 경우도 많다.

워싱턴 무관 시절에 미 해군참모총장 이·취임식 행사에 참석한 적이 있었다. 미 해군사관학교 대강당에서 행사를 진행했는데, 단상 위에 의자가 달랑 5개만 놓여 있었다. 나는 행사담당 의전장교에게 물었다. 다른 부처의 장관, 합참의장, 육·공군 참모총장, 해병대사령관, 해안경비대사령관 그리고 외국 참모총장 등 주요 귀빈이 많은데, 어떻게 하려고 5개뿐인가, 모자라지 않느냐고 물었다. 심지어 이·취임 참모총장 부인들의 단상 자리가 없는 이유가 무엇인지도 캐물었다.

돌아온 답변은 아주 간단하고 명확했다. 단상에는 이·취임에 꼭 필요한 사람들만 올라간다는 것이었다. 이날 단상의 다섯 자리는 행사 시작과 끝에 축도하는 군종감과 이날의 초청 연사인 국방부장관, 선서 등 행사를 주관하는 해군성 장관, 이·취임 참모총장의 자리뿐이었다.

그런데 비단 이 행사뿐만 아니었다. 미 육군참모총장 이·취임식도 같은 개념이었다. 여러 행사를 직접 다니며 확인한 결과, 미국 군대의 문화 중 하나가 작은 단문화였다. 단상 위 자리의 기본 개념은 역할이 있느냐 없느냐가 가장 중요한 기준이었다. 역할이 없는 사람은 계급 고하에 관계없이 단상 아래의 자리에 앉았다. 물론 행사의 성격에 따라 바뀌는 경우는 있지만, 대부분 이 원칙이 지켜지고 있었다.

미국에서 공부할 때 졸업식이나 학교 공식 행사를 봐도 항상 그랬다. 우리나라보다 여성을 더 존중하는 미국이지만, 각급 부대 지휘관의 이·취임식장 단상에 부인의 자리는 없었다. 무시해서가 아니라 역할이 없기 때문이다.

우리나라 군 지휘관의 이·취임식을 보면 하나같이 지휘관 부인

△ 미 해군 참모총장 이 · 취임식 행사 단상. 5개의 의자만 배치한 '작은 단 문화'이다.

이 한복을 곱게 차려입고 단상에 오른다. 도시에 있는 부대는 그나마 다행이다. 미용실이 인근에 있으니까. 보통 한복을 차려입으려면 헤어스타일도 머리를 말아 올리는 형태로 격을 맞추는데, 지방의 경우는 미용실을 찾는 것이 여간 어렵지 않다. 예약한 뒤 새벽 시간에 머리를 손질하는가 하면, 전날 저녁에 머리를 손질해 놓고 잠을 설치는 경우도 있다. 그런데 막상 행사하는 동안에는 부인들이 할 일은 없다. 국기에 대한 경례를 제외하고는 그저 우아하게 앉아 있을 뿐이다. 군대에서 행사의 권위는 매우 중요하다. 그러나 지나친 권위주의는 행사의 본질적 가치를 훼손할 수 있다. 군대에서 벌어지는 각종 행사의 근본적 취지를 생각해야할 때다.

임석상관만을 위한 행사는 No!

우리 군의 대다수 행사는 행사가 지닌 가치와 의미보다 임석상관이라는 특정인을 위한 행사가 아닌가 하는 회의가 들 정도다. 임석상관(臨席上官)은 해당 행사에 참석한 가장 선임 군인 또는 상위 직위자를 말한다. 군대의 지휘관 이·취임식, 표창식, 경축식 등 대부분의 행사 시작은 이 임석상관에 대한 경례, 개식사, 국기에 대한 경례 순서로 진행된다. 마지막에 다시 임석상관에 대한 경례로 마친다.

하지만 미국을 비롯한 서양 군대의 경우를 보면 특정인을 위한 의장행사를 제외하고 대부분의 행사는 국기에 대한 경례와 국가 연주로 공식 행사가 시작되고 행사가 끝날 때까지 더 이상 경례는 없다.

미국 군대의 지휘관 이·취임 행사 등 일반적인 군대 행사 순서는 공식 귀빈 일행 도착, 도착 시 예의 표시, 기수단(국기) 입장, 국기에 대한 경례(국가 연주), 기도 순으로 진행이 되고 마지막에 축도로 마친다. 실외, 실내 행사에 다소 차이는 있지만 기본 개념은 동일하다.

근본적으로 미국 군대 행사에는 임석상관 개념이 없다. 예를 들어, 참모총장 이·취임식에 공식 귀빈 일행은 국방부장관, 해군성 장관, 이·취임 참모총장, 군종감 등 5명이다. 이들이 단상에 올라가서 자리하는 사람들이다. 여기서 국방부장관은 임석상관이 아니라 초청연사 자격으로 참가한다. 심지어 미국 사관학교 졸업식에 참가하는 대통령도 임석상관이 아닌 초청연사 자격으로 방문하는 것이다. 공식 행사는 공식 귀빈 일행이 도착하면 기수단(국기)이 입장하면서 시작이 된다. 물론 공식 귀빈 일행이 입장할 때는 경례로 예를 표한다.

우리 군대 행사를 보면 다소 어색한 장면이 연출된다. 각급 지휘관 이·취임식 행사에 항상 임석상관이 있다. 국기를 비롯하여 모든 초청 귀빈, 장병들이 연병장에 기다리고 있으면, 임석상관이 입장을 한다. 그 후 행사는 임석상관에 대한 경례로 시작한다. 초청된 외부 귀빈들은 경례하는 동안 어색한 자세로 서 있게 된다. 단상에 있는 임석상관의 하급자들은 연병장에 늘어선 장병들과 함께 임석상관에게 경례를 한다. 임석상관의 뒤편에서 경례하는 것이다. 군 예식령 제7조 3항을 보면 '경례를 행할 때에는 서로 주목하여야 한다.'고 되어 있다. 마주 보고 눈을 바라보며 하라는 뜻이다.

군 표준 식순표(예시) 군 예식령 별표 제2호

표창식(훈장, 포장, 기장 및 감사장 수여식)

1. 경례(임석상관)
2. 개식사
3. 국기에 대한 경례
4. 명령낭독
5. 표창수여
6. 훈시
7. 축사
8. 경례(임석상관)
9. 폐식사

표창식(훈장, 포장, 기장 및 감사장 수여식)

1. 경례(임석상관)
2. 개식사
3. 국기에 대한경례
4. 명령낭독
5. 표창수여
6. 훈시
7. 축사
8. 경례(임석상관)
9. 폐식사

군 표준 식순표(예시) 군 예식령 별표 제2호

이·취임식

1. 경례(임석상관)
2. 개식사
3. 국기에 대한 경례
4. 인사명령 낭독
5. 군기이양
6. 열병
7. 훈시
8. 이임사
9. 취임사
10. 분열
11. 폐식사

입대식(임관, 입교 수료식)

1. 경례(임석상관)
2. 개식사
3. 국기에 대한 경례
4. 명령하달
5. 수료증 수여
6. 상장, 상품 수여
7. 계급장 수여
8. 선서
9. 훈시
10. 축사
11. 경례(임석상관)
12. 폐식사

경축식

1. 경례(임석상관)
2. 개식사
3. 국기에 대한 경례
4. 묵념
5. 약사보고
6. 표창장 수여
7. 훈시
8. 축사
9. 경례(임석상관)
10. 폐식사

미국 행사 식순표(예시)

미국 해군 참모총장 이·취임 식순(실내행사)

1. 행사 주빈 도착
2. 국기에 대한 경례(국가연주)
3. 기도
4. 초청연사/국방부장관 연설
5. 축사/해군부 장관
6. 인사명령 낭독 이임사, 이임총장에 대한 경례
7. 임명 인사명령 낭독
8. 취임총장 선서(해군성 장관)
9. 취임총장에 대한 경례
10. 취임사
11. 축도

미 해군 정보국장 이·취임식 식순(실외 행사)

1. 행사주빈 도착
2. 기수단 입장
3. 국기에 대한 경례(국가 연주)
4. 기도
5. 초청연사 축사
6. 이임사
7. 취임사
8. 지휘기 이양
9. 축도

그런데 단상에 있는 군인들은 항상 임석상관의 뒷머리를 향하게 된다. 그래서 그런지 미국의 경우는 임석상관에 대한 경례는 특정 사람을 위한 의장례를 제외하고는 없다. 공식적인 행사의 시작은 국기에 대한 경례이다. 미국의 경우가 다 좋다는 것은 아니지만 우리가 한번 생각해 볼 문제다. 군대는 국가에 충성하는 조직이지 어느 특정 개인을 위해 충성하는 조직이 아니다. 국가라는 존재 앞에 모두가 동일한 자세로 경건하게 임해야 하는 것이다.

우리나라 정부 공식 행사인 삼일절, 광복절, 제헌절, 개천절 등에는 임석상관에 대한 경례 개념이 없다. 국기에 대한 경례가 유일하다. 그런데 아직도 군대에서는 행사 내용에 상관없이 지휘관, 소위 임석상관에 모든 행사가 집중되는 느낌이 든다. 군대에서 이루어지는 의식행사는 성격과 의미에 맞게 재조정되어야 할 필요가 있다. 임석상관을 위한 행사가 아니라 진정으로 그 행사의 성격과 가치에 중심을 둔 행사가 이루어질 때 행사의 권위가 세워질 것이다.

임석상관은 주인공이 아니다

각종 군대 행사에 있어서 불편한 진실을 하나 더 언급하고 싶다. 다시 임석상관 얘기다. 자신이 속한 부대 행사에 과연 누가 임석상관으로 오느냐에 다들 관심이 크다. 하지만 문제는 그것이 너무 지나친 관심거리라는 데 있다. 같은 성격의 군 행사임에도 불구하고 어느 행사에는 군 통수권자인 대통령이 오고, 어느 행사에는 국방부장관이 오고, 또 다른 자리에는 참모총장이 온다면 행사 주최 측의 입장에서는 차별받고 있는 듯한 기분이 들지도 모른다. 이런 문제들로 인해 모든 출신을 다 모아 놓고 대통령이 임석해서 한꺼번에 장교 합동임관식을 하는 행사도 생겨났는지 모르겠다. 순전히 군별, 출신별 임관식 행사에 대한 형평성을 위해서일 것이다.

진지하게 한 번 생각해 보자. 장교 임관식을 할 때, 대통령이 오고 안 오고가 그리 중요한 문제일까? 장교 임관이라는 국가를 위한 신성한 행사의 가치가 임석상관이 누구냐에 따라 좌우되는 것은 결코 아닐 것이다. 물론 직급 높은 상급자가 자리하면 행사의 격은 높아진다고 생각할 수 있다. 하지만 그건 행사의 의미보다 형식을 더 우선시하는 사고에서 비롯된 판단이다. 장교 임관식이라는 본연의 가치에 중심을 둔다면 누가 임석하느냐는 그리 큰 의미가 없을 것이다.

미국은 대통령이 매년 한 개의 사관학교 졸업식에 참석한다. 우리나라처럼, 임석상관의 개념이 아닌 초청연사 자격으로 참석한다. 초청연사의 역할은 사관학교 졸업생을 위해 귀중한 메세지를 전달하고 군과 안보에 대한 생각을 전하는 것이다. 또 사관학교 참석은 매년 정해진 순서에 따라 이루어진다. 만약 올해 미국 대통령이 해군사관학교에 참석했다면, 육사나 공사 졸업식은 누가 가는 걸까? 부통령이나 국방부장관, 합참의장 등이 초청연사로 초대된다.

실제 2017년의 경우, 도널드 트럼프 대통령은 육군사관학교에, 마이크 펜스 부통령은 해군사관학교에 그리고 조지프 던퍼드 합참의장은 공군사관학교 졸업식에 참석해 졸업생을 위한 연설을 했다. 특이한 것은 해안경비대(Coast Guard) 사관학교 졸업식에도 트럼프 대통령이 초청연사로 초대되어 해안경비대 장교의 임관을 축하하고 해안경비대의 노고를 치하했다.

이와 달리 우리나라는 과거 육·해·공군사관학교 졸업식에 대통령이 모두 참석했다. 삼군사관학교 외에 학군장교(ROTC) 임관식에도 참석해 달라는 요청에 대통령이 수락한 적도 있다. 매년 사관학교 졸업식 때마다 대통령이 참석하는 게 부담스러워 한 때 사관학교를 돌아가면서 참석하는 것으로 바뀐 적도 있었다.

이젠 임석상관 참석 여부를 둘러싼 보이지 않는 갈등에 마침표를 찍어야 할 때다. 사관학교든 학군장교든 출신 구분 없이 국가방위의 선봉장이 되기 위해 장교가 되겠다는 청운의 꿈을 품으며 그 길을 힘껏 달린 생도들이다. 졸업 및 임관식은 그 자체로 거룩하다. 그 가치를 더욱 빛내기 위하여 수단으로서, 귀한 말씀을 전할 의미있는 귀빈을 초청하는 것이 임관식 행사의 의미를 더할 것이다. 무엇보다 중요한 건 더 넓고, 더 깊고, 더 높은 세상으로 가기 위한 생도들의 마음가짐일 게다.

임석상관 문제와 관련해 또 하나 지적하고 싶은 것은 이로 인해 발생하는 불필요한 허례의식이다. 과거 사관학교 졸업식에 대통령이 임석하면 국방부장관, 합참의장, 연합사령관, 육해공군 참모총장, 연합사부사령관, 해병대사령관 등이 같이 참석했다. 수행원들까지 포함하면 엄청난 인원이 여기저기 이동하는 것이다. 행사의 진정한 의미는 사라지고 지극히 겉보기 행사의 전형이 되고 만다.

당연히 졸업 및 임관식의 주인공은 새로 탄생되는 장교들이다. 이들은 임관선서를 하며 국가 수호의 최후 보루로서의 첫발을 내딛는다. 따라서 행사의 모든 중심은 졸업 및 임관하는 사람이어야 한다.

소통

일방적 훈시, 누가 들을까?

군대에서 모든 행사에 빠지지 않는 것이 훈시 또는 연설이다. 훈시를 하는 지휘관이나 연설자들은 일반적으로 행사 성격에 맞게 참모들이 작성해 준 훈시문 초안에 자신의 특별한 의미를 담아 메시지를 전달한다. 물론 지휘관 본인이 직접 작성하는 경우도 많다. 특히 지휘관 이·취임식 같은 행사 때에는 떠나는 지휘관들이 그동안의 근무를 회상하며 감정에 복받쳐 눈물을 훔치는 경우도 다반사이다. 새로 부임하는 지휘관은 비장한 각오를 취임사에 담아 자신의 지휘 의도를 공표하기도 한다. 그런데 정작 그 귀중한 말을 들어야 할 사람들에게는 소귀에 경 읽는 듯 허공의 메아리 같은 느낌이 없지 않다.

왜 그럴까? 문제는 형식과 공간에 있다. 대부분의 군부대 행사나 지휘관 교대 행사 등은 넓은 연병장에서 장병들을 꼿꼿이 세워 놓은 상태에서 이뤄진다. 이 귀중한 메시지를 들어야 하는 장병들은 한여름에도, 추운 겨울에도 연병장에서 부동자세를 한 채로 들어야만 한다. 물론 기상에 따라 실내에서 하는 경우도 있다. 어쨌거나 장병들은 부동자세로 장황한 메시지 듣기를 강요당하는 것이다. 그런 상태에서 훈시나 연설 내용이 감동을 줄까 싶다.

나는 사관학교 생도 시절 네 번의 졸업식 행사에 참가했다. 그 당시 졸업식은 대통령을 임석상관으로 모시고 진행됐다. 졸업식에서 군 통수권자인 대통령이 하는 연설을 '유시'라고 한다. 고백하건대 나는 아스팔트 연병장에 서서 한 번도 대통령의 유시를 제대로 들어본 적이 없다. 유시를 하는 동안 연병장에서 '열중쉬어'

상태로 서 있으면서, 부동자세가 흐트러지지 않게 하려고 눈물겨운 노력을 하느라 제대로 들을 수가 없었다. 행사 시작 훨씬 전부터 장시간 도열한 상태로 있다 보면 때로 깜박 졸다가 총을 떨어뜨리는 경우도 생긴다. 심지어 주저앉거나 쓰러지는 경우도 생긴다. 그래서 앞뒤, 좌우 생도들 간에 서로 작은 목소리로 이야기하면서 긴장을 해소하는 노력도 해야 한다. 다시 말해 연설을 들을 겨를이 없다.

몇 년 전 여름, 오랜만에 해군사관학교 행사에 참석할 일이 있었다. 참모총장을 비롯한 다수의 초청 귀빈들이 줄줄이 연설을 했다. 폭염 속에 뜨거운 열기가 훅훅 올라오는 아스팔트 위에 부동자세로 서있는 생도들의 애처로운 모습은 예나 지금이나 변함이 없었다. 오직 연설의 마지막 단어인 '감사합니다.'라는 말이 나오기만을 기다리는 듯한 기색이 역력했다. 마침내 생도 몇 명이 쓰러져 실려 나가고 말았다. 참석자들은 주옥같은 말들을 열심히 토해내지만, 단상 앞에 도열한 생도들의 귀에는 그저 확성기에서 나오는 소리에 불과했을 것이다. 한여름의 아스팔트 광장, 땡볕에 줄 세워 놓고는 공자님이 와서 연설을 한다 해도 그 말이 귀에 들어오지 않을 것이다.

아울러 우리 군대 행사는 커다란 단상 위에 많은 사람들이 연설자의 뒷모습이나 옆모습을 보고 앉아 있다. 연설자가 하는 말의 전달력이 많이 떨어질 수밖에 없다. 군대 행사에서의 훈시, 연설은 오로지 말하는 자신만의 독백 수준의 이야기일 뿐이다. 대상자들이 들어주고 싶어도 그럴 만한 형편이 되지 못한다. 연설을 통해 메시지를 전달하려면 듣는 대상이 편안하게 그 말을 들을 수 있도록 환경을 만들어 주어야 하다. 더 솔직하게 말해 그런 환경을 만들어 주어도 제대로 들을까 말까 한다. 그런데 여름이나 겨울이나 실외 연병장에 장병들을 세워 놓고 자기의 귀중한 이야기를 들으라면 그 자체가 무리다.

선진 외국의 경우, 특별히 좌석을 마련할 여건이 아니면 사람을 세워 놓고 훈시나 연설을 하는 경우는 거의 없다. 세워 놓더라도 자연스럽고 편안하게 연설을 듣도록 한다. 육·해·공군 사관학교 졸업식도 졸업생, 재학생, 가족들이 모두 앉아서 한다. 단상에는 행사와 관련된 최소한의 인원이 올라가고, 초청 귀빈이라 해도 단상 앞자리에 앉아서 연설을 경청한다. 메시지를 전하는 지휘관과 초청연사의 말과 표정과 몸짓을 듣고 보면서 공감한다. 중간중간에 감동의 박수도 보낸다. 발신자인 지휘관 자신만의 일방적 만족이 아니라, 수신자인 장병이 듣고 공감할 수 있는 훈시 문화가 진정한 소통의 시작일 게다.

적자생존,
소통이 멈춘 시간

한때 유행어 중에 적자생존이라는 말이 있었다. 물론 지금도 통용되는 것으로 "적는 자만이 생존할 수 있다."는 말이다. 특히 군대처럼 경직된 조직에서는 지휘관의 말 한마디도 놓치지 않으려고 대부분 토씨 하나 틀리지 않게 받아 적는다. 그 기술이 가히 예술적 경지에 다다라야만 조직에서 살아남을 수가 있다.

권위주의가 팽배한 조직에서는 지휘관의 한마디가 곧 명령이고 절대 불변의 진리로 받아들여진다. 그래서 지휘관이 설사 잘못된 지시를 하더라도 아무런 이의 없이 그저 따르며 이를 당연하게 받아들인다. 회의 중에 지휘관의 말씀 시간이 되면 지휘관의 입이 떨어짐과 동시에 일사불란하게 수첩이 펼쳐지고 받아 적기 경쟁이 시작된다.

내가 지휘관 시절에 가장 싫어한 모습이 바로 이러한 적자생존의 받아쓰기 문화였다. 말이라는 것은 단순한 소리로 전달되기도 하지만, 그 사람의 표정과 몸짓에 의해 전달되는 것도 상당히 큰 비중을 차지한다. 그런데 정작 내 모습은 보지도 않고 머리를 수첩에 파묻고 글을 쓰고 있는 참모들이 매우 안타까웠다.

"잠시 펜을 놓고 내 얼굴을 보고 이야기합시다. 지금 내가 웃고 있는지, 화를 내고 있는지 아니면 내가 틀린 이야기를 하는지 보고, 듣고 그리고 여러분의 생각과 의견을 이야기해 주세요."

회의 중에 수차례 당부를 하곤 했다. 그러나 이미 몸에 밴 습관 탓에 변화하는 데에는 많은 시간이 필요했다.

유네스코 세계기록유산인 조선왕조실록은 그 섬세하고 치밀한 기록으로 세계가 인정한 자랑스러운 역사 유산이다. 이 실록은 사관들이 왕을 따라다니면서 왕은 물론 주변 관료들이 하는 말과 행동까지 빠짐없이 기록해 사초(史草)를 만들었다. 말하는 내용만을 담은 것이 아니라 표정과 행동까지 자세히 묘사해 그 뜻이 후세에 올바로 전달되도록 했다.

아무런 상황적인 묘사 없이 그저 말만 기록한다면 제3자에게는 크게 왜곡된 정보로 전달될 수도 있다. 소통은 소리를 나누는 것이 아니라 뜻과 의미를 나누는 것이다. 이러한 것은 서로의 눈을 마주 보고 대화할 때에 가능한 일이다. 패밀리 레스토랑에서도 직원들은 앉아 있는 손님과 대화할 때에는 눈높이를 맞추기 위하여 무릎을 구부린다. 낮은 자세로 고객과 눈을 맞추고 대화를 하기 위해서다. 고객과의 진정한 소통을 위해서는 서로의 마음을 이해해야 하기 때문이라고 한다.

그렇다. 소통은 우선 같은 눈높이에서 소리보다 눈길이 전달되는 것이어야 한다. 지휘관의 일방적 지시를 무조건 받아 적는 식의 적자생존은 진정한 소통이 될 수 없다.

제 4 부

장교,
Commissioned Officers

4
권한을 위임 받다
Commissioned

장교(將校 Commissioned Officers)는 부사관과 병을 지휘하는 계급으로 사관학교나 일반 대학교 졸업자 가운데서 선발된다. 이들이 소정의 교육과정을 마치고 소위 계급을 받는 것을 임관(任官)이라고 한다. 임관이란 '관직에 임명되다', '공무를 집행하는 벼슬이 된다.'는 뜻이다. 장교는 임관할 때 국내외의 모든 적으로부터 우리 국토를 보존하고 국민의 생명과 재산을 보호하며 헌법 질서를 수호할 것을 엄숙히 선서한다. 그 정확한 의미를 짚어보면, 미국이나 서양 국가에서는 장교를 Officer라고 하는데 장교를 표현할 때는 항상 '위임된'이란 뜻의 Commissioned라는 단어를 붙여서 Commissioned Officer라고 한다. 장교

• 장교, Commissioned Officers

의 상대적 용어인 부사관과 병들은 임관되지 않은 자, 즉 Non Commissioned Officer(NCO)라고 부른다. 그래서 부사관에게는 임관 대신 임용이란 용어를 쓴다.

장교를 Commissioned Officer라고 명칭 하는 데는 특별한 의미가 있다. 역사적으로 서양에서 장교는 탁월한 능력을 가진 귀족이나 지주들에게, 국왕이 군대를 모집하고 훈련시킬 수 있는 권한을 위임해 준 사람이란 뜻에서 시작됐다. 현대에서도 장교는 국가수반으로부터 군대에 대한 권한과 책임을 위임받은 자라는 말이다. 그래서 위임받은 자라는 용어가 항상 장교 앞에 붙는다. 군에서 장교는 명령을 하달할 수 있는 사람이고 그 명령에 대한 책임도 지는 사람이다. 하지만 부사관이나 병에게는 그러한 권한과 책임이 부과되지 않는다. 장교로 임관될 때 우리나라에서는 임관사령장에 국방부장관 직인이 찍히지만, 미국에서는 모든 장교의 임관사령장에 대통령이 직접 서명을 한다. 국가로부터 일정 부분의 책임과 권한을 위임받은 자들이기 때문이다.

미국 정부에는 수많은 공무원이 있다. 그 가운데 특히 연방정부 공무원들은 명예와 자부심이 대단하다. 미국의 많은 공직자 중에 두 직종의 공직자에게만 임명될 때 임관, 즉 Commissioned 라는 말을 붙인다. 군의 장교와 국무부에서 정식 시험을 거쳐 선발한 직업외교관이다. 장교와 직업외교관의 공통점은 국가로부터 일정 부분 권한을 위임받은 사람이라는 것이다. 임관된다는 것은 그만큼 막중한 책임을 맡는다는 뜻이다.

우리 장교들은 임관을 할 때 소위 계급장을 양쪽 어깨에 붙이는 영광과 기쁨을 누린다. 그러나 임관의 진정한 의미를 먼저 생각해야 할 것이다. 장교 임관은 국가로부터 무거운 책무와 권한을 위임 받는다는 것이다. 부대의 승리와 패배, 부하의 생명까지도 책임져야 하는 막중한 무게가 항상 양쪽 어깨를 누르고 있다는 것을 명심해야 한다. 계급이 높아져 계급장이 커지는 만큼 책임의 무게도 배가된다는 것을 진정으로 느껴야 한다. 임관할 때 선서했듯이 국민을 지켜주겠다는 약속의 말을 잊지 말아야 한다. 그럴 때 국민은 신뢰를 보내고, 이들이 강한 군대를 만들어 모든 위협으로부터 국가를 지켜주리라 기대한다. 임관된 장교에게 자기 자식을 일정 기간 맡길 수 있는 것도 이러한 믿음 때문일 것이다.

첫 번째 경례

First Salute

나라에 대한 헌신을 각오하며 장교가 되길 스스로 선택한 자랑스러운 육·해·공군 신임 장교들에게 꼭 추천하고 싶은 영화가 있다. 바로 〈사관과 신사 (Officer and Gentleman)〉이다. 이 영화가 1982년도에 나왔으니, 어쩌면 매우 생소한 장교들도 있을 법하다. 나는 장교들은 한번쯤 봐야 할 영화라고 자주 강조한다. 그만큼 시사점이 많은 영화다. 줄거리는 폴라 역의 데브라 윙거와 해군 장교 역의 리처드 기어의 달콤한 로맨스지만, 속 깊이 미국 군대의 문화를 담고 있다.

주인공 리처드 기어는 해군항공사관학교에 입학하며 장교를 꿈꾼다. 하지만 그 꿈은 결코 쉽지 않다. 매우 혹독하고 잔인한 훈련을 선사하는 훈련조교 폴리 상사(Sergeant Foley) 때문이다. 그는 피도 눈물도 없는 냉혈한 조교로서, 장교 후보생들을 매우 거칠고 가혹하게 다룬다. 눈물 마를 날이 없을 정도로 혼을 쏙 빼기 일쑤다. 하루하루가 지옥 같은 나날들이다. 하지만 끝내 이 악물고 인내하여, 어렵사리 장교로 가는 관문을 통과한다. 드디어 꿈에 그리던 장교 임관식 날, 리처드 기어는 후보생들과 함께 자랑스럽게 소위 계급장을 달게 된다. 이들은 임관식을 마치자마자 가장 먼저 가혹했던 조교 폴리 상사를 찾는다. 당당하게 소위 계급장을 달고 말이다. 후보생 시절 상급자였던 조교에서 하급자가 된 폴리 상사의 경례를 받기 위해서다. 자기가 훈련시켰던 후보생이었지만, 이제는 상급자가 된 장교에게 정복을 차려입은 폴리 상사는 정중하고 절도 있는 거수경례를 한다.

이 경례가 바로 미국 군대문화 속에 지금까지도 살아 숨쉬는 '첫 번째 경례(First Salute)' 전통이다. 미국 군대에서는 장교로 임관된 이후 부사관에게 첫 번째 경례를 받는 의식이 있다. 막 임관한 소위에게 나이가 많은 부사관이 정중하게 경례함으로써, 장교에 대한 존중을 보이고 지시와 명령을 따르겠다는 다짐을 표시하는 행사다. 영화를 자세히 보면 신임 소위는 폴리 조교로부터 첫 경례를 받고, 왼손으로 뭔가를 폴리 상사에게 주는 장면이 나온다. 장교 임관 후 첫 번째 경례를 한 부사관에게 주는 1달러짜리 은화(Silver dollar) 선물이다. 그래서 첫 번째 경례를 Silver Salute라고도 한다. 오래된 전통이다. 그 유래는 1800년대 초 영국 통치 시절로 거슬러 올라간다. 새로 임관된 장교는 군대 일이 아직 숙달되지 않아 개별적으로 조언해 주는 조교부사관(Enlisted adviser)을 배정받았다. 부사관들은 장교에게 부대의 역사에서부터 로프 매는 법 등 각종 군대 업무를 가르쳐 주었다. 이때 장교들은 부사관에게 자기 월급(당시 소위 월급은 약 25달러)에서 1달러를 수고비로 주었다. 이후에 이러한 제도가 사라졌지만 지금도 소위들은 첫 번째로 경례하는 부사관에게 1달러를 주는 전통을 이어 가고 있다. 1달러를 받은 부사관은 새로운 계급과 직책을 맡은 신임 소위에게 존경을 표하며, 부대와 관련된 많은 조언을 하는 일종의 책임 있는 멘토 역할을 한다. 실제 〈사관과 신사〉 영화처럼 자신을 훈련시킨 조교에게 첫 번째 경례를 받는 경우도 있고, 현지에 부임하여 같은 부대의 부사관에게 받는 경우도 있다. 참전용사였던 예비역 부사관인 할아버지가 소위로 임관한 손녀에게 한 사례도 있었다. 2015년 미국 육군사관학교 졸업식에서 전역을 몇 달 앞

둔 마틴 뎀프시 합참의장이 축하 연설을 했는데, 이 연설 중에 본인이 육군 소위를 달고 부임했을 당시 첫 번째 경례(First Salute)를 받은 이야기를 소개했다.

버니 핸더슨이라는 부사관에게 첫 번째 경례를 받고서, 뎀프시는 1달러 지폐에 마틴 뎀프시라고 자신의 이름을 써서 주었다. 버니 핸더슨은 오래도록 뎀프시에게 부대에 관한 많은 자문을 해 주었다. 어느 날 그 예비역 부사관이 당시 받았던 1달러 지폐를 액자에 넣어 보냈다. 동봉한 편지에는 자신이 1달러를 받았을 때 뎀프시 소위가 장군이 되기를 바랐고, 그가 장군이 되면 이 1달러 지폐를 되돌려 주겠다고 다짐했는데, 이제 그 다짐을 지키게 되어 기쁘다고 적혀 있었다.

사연을 소개한 뎀프시 합참의장은 이제 곧 전역을 하지만 후배들에 거는 기대가 크다면서 졸업생 모두에게 직접 사인을 한 1달러 지폐를 하나씩 나눠 주었다. 미국 군대의 첫 번째 경례가 주는 의미를 떠올리면서 장교들 스스로 자긍심과 명예에 대해 생각해 보는 시간을 가졌으면 좋겠다.

임관 기념 반지, 문화와 가치

반지(Ring)는 남다른 의미를 지니는 물건이다. 결혼 반지, 졸업 반지, 우정 반지 등 특별한 의미를 부여한 여러 종류의 반지가 있다. 우리의 군대문화에서도 예외는 아니다. 특히 사관학교를 비롯해 군사교육기관을 졸업할 때면 기념 반지를 만들어 낀다. 각 군 사관학교 졸업생은 졸업 전 2월에 지환식(Ring Ceremony)을 갖는다. 기념 반지를 맞춰 착용하는 행사다. 육군사관학교는 보통 임관 100일 전에 지환식을 갖는다. 사관학교뿐 아니라 학군후보생, 3사관학교, 학사장교, 특수사관 등도 반지를 만들어 낀다. 빨강, 초록, 보라, 노랑 등 반지 색깔은 다르지만 그 의미는 유사하다. 보통 출신학교명, 마크, 임관연도 등이 새겨진다. 임관 후 근무하는 동안 반지를 보면서 일체감을 조성하고 초심을 잊지 말며, 꿈과 열정을 유지하기 위한 것이다.

우리 군대 문화 속에 자리 잡은 반지의 유래는 아마도 미국의 군대문화에서 전파된 것으로 보인다. 미국 군대의 졸업반지는 1835년 육군사관학교 졸업생들이 자기 동급생끼리 문장과 대포, 방패 등을 새기고, 자수정을 박은 반지를 만들어 나누면서 시작되었다. 미 해군사관학교에서도 1869년부터 자신들의 문장과 임관 연도를 새겨 넣은 임관 반지를 만들기 시작했다. 반지의 의미는 선후배 간의 변치 않는 결속을 뜻한다고 했다. 지난 2009년 미 해군사관학교 졸업식에서 버락 오바마 대통령은 임관 기념반지와 관련하여 이런 말을 했다.

"이제 여러분의 손가락 반지를 보세요. 이곳에서 배우고 성취한 모든 일을 기억하세요. 명예에 대한 헌신, 용기로부터 온 강인함. 이런 가치들과 함께 사십시오. 이러한 덕목들과 함께 살아가기 바랍니다.(Well, just look at that ring on your finger. Remember all you achieved here and all that you learned here. Devotion to honor, strength to courage. Live these value. Live these Virtues.)"

반지가 단순한 장식품이 아니라 군 생활 내내 지켜줄 정신적 상징임을 일깨워 준 것이다. 2017년 미 해사 졸업생은 특별한 반지를 만들어 끼었다. 반지의 의미가 선후배 간의 결속을 상징하는 것에 부응하여, 50년 선배인 1967년 졸업생이 자신들의 졸업 반지 9개를 후배들에게 기증했다. 그런데 후배 졸업생들은 이 결속의 의미를 깊게 새기고자 50년 선배들의 반지를 녹여 자신의 반지에 함께 넣었다. 그 의미와 가치를 담은 것이다.

우리나라에서는 1945년 4월 15일에 졸업한 해군사관학교 8기생이 처음으로 반지를 만들어 꼈다. 미 해군사관학교의 전통을 답습했는데, 당시에는 국내 형편이 어려워 일본에서 제작했다고 한다. 육군사관학교는 1955년에 졸업한 11기가 처음이며, 공군사관학교는 7기생부터 반지를 만들었다. 육군3사관학교와 간호사관학교는 1기생부터 이어져 오고 있다. 나는 얼마 전 해군사관학교

▷ 사관학교 졸업 반지. 이 반지에 의미를 담는다면 그 가치가 더해질 것이다.

강연에서 이런 말을 했다.

"이제는 새로운 군대문화 창출을 위해 여러분의 반지에 숭고한 문화와 가치를 담았으면 좋겠다. 금 18K로 장식한 반지도 중요하지만 6·25전쟁 당시 우리 국군이 처음 승전보를 알린 '백두산'함의 정신을 계승하는 차원에서 백두산함 쇳조각의 일부를 녹여 반지에 넣는다든가, 천안함 또는 참수리 357의 쇳조각 일부를 녹여 반지에 담아 북한의 도발에 대한 강한 의지를 표현한다면 이 또한 새로운 가치를 창조해 나아가는 일이 될 수 있다."

육군이나 공군도 얼마든지 자신들의 정신적 상징물을 포함시켜 반지를 만들 수 있을 것이다. 육군은 북으로 연결되었다가 끊어진 철로나 전투와 관련된 어떤 상징물의 일부를 임관 반지에 넣어 가치를 부여할 수 있고, 공군의 경우도 나라를 지킨 전투기의 쇳조각 일부를 넣어 그 의미를 새길 수 있다. 군인들이 끼는 임관 반지의 가치는 금의 함량에 비례해 가치가 매겨지는 것이 아니라, 그 반지에 담긴 소중한 의미의 가치에 좌우되는 것이다. 임관 반지는 그냥 반지가 아니다. 군대문화 또는 군인정신을 대표할 수 있는 하나의 상징물이다. 그렇기에 그 안에 군인들만의 숭고한 정신과 선후배 간에 공유하는 문화적 가치를 담는다면 진정으로 존경받는 군대문화의 하나가 될 수 있을 것이다.

합동성 없는 합동임관식

매년 3월이면 계룡대에서 육해공군 신임 장교 5000명 이상의 소위가 계급장을 달고 대한민국 수호의 긴 여정에 오른다. 2017년 임관식에서는 육·해·공군사관학교, 국군간호사관학교, 육군3사관학교, 학생중앙군사학교 등의 교육과정을 마친 신임 장교 5291명이 배출됐다. 임관식에는 신임 장교들과 가족, 친지 등 참석자만 3만여 명에 달했다. 말 그대로 입추의 여지가 없는 초대형 행사다. 과거에는 신임 장교들이 각자 교육기관별로 임관식을 했으나, 2011년부터 계룡대에 모여 군 통수권자인 대통령이 참석한 가운데 합동임관식 형태로 바뀌 진행하고 있다. 합동임관식이 만들어질 당시 그 취지는 합동성 강화와 각 출신 간의 일체감 조성이었다. 하지만 군인들 중 누구도 합동임관식

△ 계룡대 연병장에서 열린 육·해·공군 합동임관식. 대형 단상에는 대통령을 비롯해 장관, 각 군 참모총장, 주요 군 인사들과 대학총장 등 백여 명이 올라 행사를 한다.

이 합동성 향상에 기여하고 있다고 생각하지 않는다. 출신 간의 일체감 조성은 더더욱 수긍하기 어렵다. 다른 환경에서 교육받았고, 서로가 잘 모르는 사람들 5천여 명이 한 장소에서 같은 시간에 계급장을 같이 달았다고 일체감이 형성된다고 생각하는 것 자체가 무리다.

2011년 이전에는 각 군의 교육기관별로 졸업식 및 임관식 행사를 진행했다. 특히 사관학교의 경우는 4년간의 교육을 마무리하고, 장교로서의 의미 있는 출발을 위해 군별 문화적 특성이 담긴 의미 있는 행사가 실시되었다. 그래서 생도 가족들과 함께 감동의 시간이 되기도 했다. 하지만 합동임관식이 시작된 이후 졸업식과 임관식을 별도로 하다 보니 행사가 분산되어 졸업과 임관이 주는 가치가 반감되고 되레 퇴색되는 느낌마저 들고 있다.

실제 합동임관식 행사에 참석해 보면 가관이다. 5000여 명이 한 곳에 모여 하는 합동임관식은 엄숙함도 비장함도 없다. 산만함 그 자체다. 그야말로 국군 소위를 대량 방출하는 행사로 보일 뿐이다. 그저 군 통수권자가 직접 행사에 참석한다는 것 이외에는 어떤 가치도 느낄 수 없다.

특히 행사 마지막에 단체 사진 촬영이 있는데, 대통령과 사진 한 장 찍으려고 그 많은 인원이 수십 개의 그룹으로 나뉘어 움직이는 모습은 상상에 맡긴다. 행사장 단상 좌우에 계단식 사진 촬영대가 설치되어 있는데 임관장교들이 몇백 명씩 그룹을 만들어

△ 임관 축하 모자 던지기(Hat Toss)를 하며 서로 축하하는 새내기 소위들.

차례대로 촬영대에 오른다. 그 한가운데로 대통령, 국방부장관 등 군 주요 인사들이 자리 잡는다. 이분들은 사진을 위해 좌우로 수십 차례 왔다 갔다 해야 한다. 그리고 이 단체 사진을 찍는 동안 수천 명이 만들어 내는 흙먼지로 행사장은 무질서하게 보이기까지 한다.

군의 간성(干城)인 장교로 임관하는 것에 대한 결기와 경건함이라고는 전혀 찾아볼 수 없다. 참석한 가족들도 불과 며칠 전에 졸업식을 치른 관계로 그저 무덤덤하다. 오히려 졸업식과 임관식 두 군데 행사에 참석하다 보니 부담스러운 면도 없지 않다.

이제는 군별, 학교별로 졸업식과 임관식을 각자의 전통과 문화에 맞게 할 수 있었으면 좋겠다. 그리고 우리나라는 장교 임관장에 국방부장관의 직인이 찍힌다. 하지만 미국에서는 장교들의 임관장을 대통령이 일일이 서명한다. 그만큼 장교의 책무가 막중하기 때문이다. 군대를 새롭게 개혁하는 차원에서 합동임관식은 군별로, 교육기관별로 자율적으로 할 수 있도록 환원해, 임관의 의미가 고양되는 행사로 만드는 게 바람직하다고 생각한다.

삼군사관학교 체육대회의 부활을

1999년 미국 해군사관학교를 방문했을 때의 일이다. 생도 기숙사(Bancroft Hall) 현관의 안쪽 계단 오른편에 놓인 은색의 트로피가 눈길을 사로잡았다. 당당하게 그 위용을 과시했던 트로피는 다름 아닌 군 최고사령관 트로피였다. 높이는 0.76m, 무게는 77kg에 달하는 꽤 큰 부피의 이 트로피는 은색의 철제로 만든 3개의 미식축구 공이 피라미드 모양으로 되어 있고, 3면에는 각각 육·해·공군 사관학교의 마스코트가 새겨져 있었다. 또 각 사관학교 마스코트 뒷면에는 학교별로 우승한 연도가 차례로 새겨져 있었다. 미국 육·해·공군 사관학교는 함께 모여 대규모 체육대회를 하진 않는다. 하지만 매년 군 최고사령관 트로피, 즉 대통령배(杯) 쟁탈 미식축구 경기가 열린다. 이 미식축구 경기는 1972년 미 공군사관학교 체육처장 출신 심러(General George B. Simler) 공군대장에 의해 창안되었다. 그해에 닉슨 대통령이 첫 우승팀인 육군사관학교 팀에게 트로피를 수여했으며, 현재까지 계속되고 있다.

삼군사관학교 미식축구 경기는 미 육사의 육군 흑기사팀(Army Black Knights), 미 해사의 해군 생도팀(Navy Midshipmen), 미 공사의 공군 독수리팀(Air Force Falcons)이 학교를 대표하여 경기를 치른다. 세 팀이 한군데 모여서 하루에 경기를 하는 것이 아니라 전통적으로 해사와 공사의 경기는 10월 첫째 토요일에, 육사와 공사는 11월 첫째 토요일에, 육사와 해사는 12월 둘째 토요일에 경기를 한다. 우승 팀은 선수 전원이 백악관에 초대되어 대통령으로부터 트로피를 받는다. 그리고 이 트로피를 1년간 사관학교에 전시하면서 우승의 기쁨을 누린다. 공동 수상의 경우에는 이전 우승 학교가 트로피를 계속 보유한다. 지금까지 미 공군사관학교가 20회, 해군사관학교가 15회, 육군사관학교가 6회 우승을 했고 공동 우승은 4회였다.

삼군사관학교 미식축구는 스포츠를 통한 서로간의 친목을 도모하고 공정하고 건전한 스포츠맨십을 통해 올바른 경쟁심을 배양하는 데 그 목적이 있다. 미국의 많은 장교 배출 기관이 있지만, 정규 4년제 교육을 받는 육·해·공군 사관학교만이 이 경기에 참가한다. 미국에는 해안경비대사관학교(Coast Guard Academy)와 해양사관학교(Merchant Marine Academy)도 있다. 하지만 생도 규모가 4분의 1 수준으로 경쟁 대상이 되기에는 무리여서 별도로 이 두 학교는 장관배(Secretaries Cup) 경기를 갖는다.

우리나라는 1954년 서울 효창운동장에서 제1회 삼군사관학교 체육대회가 시작되어 1992년까지 이어졌다. 군은 물론 국민들의 지대한 관심을 모으기도 했다. 하지만 문민정부가 들어선 1993년, 과열 경쟁에 따른 부작용과 군 내 파벌 조성 등을 이유로 폐지됐다. 그러다 6년 뒤 김대중 대통령 정부 시절인 1999년에 삼

△ 삼군사관학교 체육대회에서 해군사관학교가 우승해 기쁨을 나누고 있다.

군사관학교 체육대회가 부활했다. 군 내의 체력 단련 풍토를 조성하고 육해공군 간 건전한 경쟁의식을 높이기 위해 체육대회를 부활시킨 것인데, 이 또한 여러 부작용으로 몇 해 후에 다시 폐지되었다.

삼사체전이 만들어질 당시, 생도들이 선의의 경쟁을 벌여 친목과 화합을 도모하는 한마당 축제로 만드는 것이 행사의 목적이었다. 당시 취지문을 보면 "삼군 사관생도들이 한자리에 모여 기량을 겨루며, 친목을 도모함과 동시에 삼군의 유대를 강화하고 경기를 통하여 체력을 향상시키며, 극기력을 배양함과 동시에 불굴의 투지와 역량을 기르는 한편, 각 군 사관생도 간의 협동심과 단체정신을 기르고, 질서의식을 고양시키는 데 있다."고 씌어 있다. 그럼에도 삼사체전이 폐지될 수밖에 없었던 이유는 생도들 간의 힘겨루로 변질되어 가면서 근본적인 목적과 취지가 퇴색되어 버린 탓이다. 또 과도한 집단 응원과 이에 따른 인력과 물자 동원 등 지나친 준비로 생도 교육에 지장을 주었고 스포츠의 순수한 정신도 훼손됐다. 서울 동대문운동장에 생도들을 모이게 함으로써 숙소, 식사 등 여러 문제도 발생했다.

나는 1999년 6월 미국에서 교육을 마치고 돌아와 부활된 삼군사관학교 체육대회를 위하여 해군사관학교 행사 기획실장으로 약 3개월간 근무한 적이 있었다. 미국에서 보았던 미 사관생도들의 자율적이면서 자유롭게 즐기는 응원과 최선을 다해 경기하는 모습을 떠올리며, 행사 방향을 잡아나갔다. 사관생도들이 학업에 지장을 받지 않고 즐거운 마음으로 열정을 불태우는 행사를 만들겠다는 목표를 설정하였다. 내가 만들어 주는 것이 아니라 생도들 자신이 스스로 만들어 나가도록 했다.

그래서 과거 단골메뉴였던 대형 매스게임이나 기계체조 등 과도한 몸동작을 하는 것이나 보여주기식 프로그램은 과감히 뺐다. 생도들이 질서를 갖추면서도 신나고 힘차게 응원하며 경기를 즐길 수 있게 행사를 기획했다. 무엇보다 체육대회가 열리는 동대문운동장은 경기시간이 되면 생도들과 태양이 마주보게 된다. 과감하게 선글라스를 착용토록 했는데 사기를 높이는 데도 기여했다. 당시로선 파격적이었다. 이는 사관학교 교장이었던 S 제독님의 전폭적인 지원 덕분에 가능했다. 그때 삼군사관학교 체육대회 경기는 승패를 떠나서 사관생도들에게 군 행사에 대한 새로운 가치를 심어주는 좋은 계기가 되었다고 자부한다.

삼군사관학교 체육대회는 바람직한 것이다. 하지만 관건은 어떻게 만들어 가느냐에 있다. 과거처럼 육·해·공군 사관학교 생도들 전부를 한곳에 모아놓고 대규모로 행사를 치른다면 당연히 이에 따르는 부작용이 긍정적인 면보다 더 클 것이다. 미국 사관학교들이 주말에 경기를 하는 것도 학업에 지장을 주지 않기 위해서다. 경기장에 관람을 가거나 응원을 하는 것도 생도들이 자치적으로 결정한다. 이제는 우리도 삼군사관학교 체육행사에 대한 생각을 긍정적으로 검토해 볼 필요가 있다. 생도들 스스로 만들어가는 건전한 스포츠 행사로 자리매김하고 이를 통한 삼군 간의 유대를 도모한다면 군의 핵심 장교로 성장할 사관생도들에게 꽤 의미 있는 행사가 될 것이다. 차제에 군 최고사령관이 수여하는 트로피까지도 생각해 보면 어떨까.

부당한 명령
올바른 판단

"세계를 움직이는 3명의 최고 실권자는 미합중국 대통령, 러시아 대통령, 그리고 미핵탄두 잠수함의 함장이다(The Three Most Powerful Men In The World: The President Of The United States, The President Of The Russian Republic and The Captain of a U.S. Nuclear Missile Submarine.)"

영화 〈크림슨 타이드〉 속의 명대사다. 미국의 전략핵잠수함(SSBN) 앨라배마함에서 일어난 일촉즉발의 핵전쟁 위기 상황을 가상해서 만들어진 영화다. 대령 램지 함장의 지휘 하에 있는 전략핵잠수함 앨라배마함은 바다 속에서 러시아 잠수함의 어뢰 공격을 받는다. 적의 어뢰를 가까스로 피한 후 본국으로부터 핵미사일(SLBM) 발사와 관련해 명령이 단계적으로 하달되기 시작한다.

발사 명령에 따라 발사 단계가 정상적으로 진행되던 중 예기치 않게 통신 장비가 고장 나 최종 명령을 받지 못하는 상황이 발생된다. 최종 명령이 발사 명령인지 발사 중지인지 확실하지 않은 상황에서, 램지 대령은 함장 직권으로 핵미사일 발사를 명령한다. 하지만 부함장인 헌터 중령은 국방성의 최종 명령 확인 없이 핵미사일을 발사하게 되면 전 세계를 제3차 세계대전의 소용돌이 속으로 빠뜨리게 된다고 판단, 함장과 부함장이 동시에 동의해야만 핵미사일을 발사할 수 있다는 규정을 들어 명령을 거부한다. 부함장 헌터는 부당한 명령을 강요하는 램지 함장의 지휘권을 박탈해 버리기까지 한다. 이 사건은 어떻게 마무리될까 하는 조바심으로 보는 내내 눈을 뗄 수 없게 만들었다. 더욱이 전쟁으로 가는 일촉즉발의 상황인데 편이 갈린 명령과 불복종의 갈등, 그리고 선택의 갈림길에 놓여 있는 군인들. 과연 어떤 선택을 해야 할 것인가?

영화는 최종 통신문에 발사 중지라는 명령이 내려졌음을 확인하면서 부함장의 판단이 옳았다고 결론을 내린다. 우리가 이 영화에서 주목해야 할 점은 부함장이 직속상관인 함장의 미사일 발사 명령을 거부했다는 것이다. 실제 이런 일이 가능할까? 허구적 상상력이 구성한 영화 속에서나 가능한 일이 아닐까?

얼마 전 한미협회 오찬 세미나에서 전 주한 미 8군사령관 샴포(Bernard S. Champoux) 예비역 중장과 자리를 함께한 적이 있다. 그때 나는 영화 속 상황을 염두에 두고 장교 임관의 의미에 대해 물었다. 샴포 장군은 미국에서는 장교 임관 시 선서에 "장교는 국내외 적으로부터 헌법을 수호하는 것을 사명으로 한다(I will support and defend the Constitution of the United States against all enemies)."라고 적혀 있다면서, 장교는 헌법적 가치에 어긋나는 명령은 거부할 수 있다는 뜻이라고 설명했다. 다시 말해 장교는 무조건 복종하는 것이 아니라 헌법적 가치에 기반을 둔 자신의 건전한 판단에 따라 명령을 거부할 수 있고 거기에 책임을 진다는 것이다.

나는 〈크림슨 타이드〉 영화를 다시 돌려 보면서 함장의 잘못된 명령을 거부하고 당당하게 대응하는 부함장의 모습을 통해 장교의 역할과 임무가 무엇인지를 다시 한 번 확인했다. 헌터 부함장은 사령부 조사위원회의 심의 결과, 처벌받지 않고 오히려 함장인 램지 대령의 추천을 받아 잠수함 함장으로 임무를 수행하라는 명령을 받는다. 우리 군대의 명령 문화에 대하여 장교들이 깊이 생각해 볼 문제이다. 임관이 된 장교가 얼마나 중요한 가치를 수행하고 있는지 명확히 인식해야 할 것이다. 장교는 한 개인을 위한 충성이 아니라, 국가와 헌법의 가치에 충실해야 하는 사람이 되어야 한다. 장교는 국가가 권한을 위임한 만큼 엘리트가 되어야 하고, 나라를 지켜야 하는 막중한 책임감을 가져야 한다.

도배사

堵·陪·寫

군부대에서는 상급부대 지휘관이나 외부 주요 인사가 방문하면 지휘관과 참모들이 부대 현관 앞에 나와 영접을 한다. 주요 인사가 도착하면 지휘관이 맞이하고 도열한 참모들과 일일이 악수를 하면서 통성명을 하는 것이 기본적인 의전이다. 부대 브리핑과 환담 때에는 지휘관 주변에 배석한다. 마지막으로 단체 사진을 촬영하게 되는데 참모들은 재빠른 동작으로 정해진 장소로 이동한다. 지휘관과 주요 인사를 중앙에 모시고 찍는 사진의 배경이 되는 것이다. 그래서 도열(堵列)하는 참모, 배석(陪席)하는 참모, 사진(寫眞) 찍을 때 배경이 되는 참모를 줄여서 '도배사'(堵陪寫)라고 한다.

내가 국방부장관 부관을 하던 소령 시절의 일이다. UFL(을지포커스렌즈) 훈련을 했을 때였다. 국방부장관이 연합사령부의 전쟁지휘시설인 탱고(TANGO) 벙커를 방문하게 됐다. 당시 연합사령관은 미국 육군 중에서도 깐깐하기로 소문난 리스카시 육군대장이었다. 국방부장관 일행이 벙커 입구에 도착했는데, 입구에는 참모 도열 없이 연합사령관과 부사령관 두 사람만 있었다. 장관을 영접하며 리스카시 사령관이 설명했다.

"조금 전에 미리 나와 보니 연합사에 근무하는 한국군 장군들이 다 나와 있었습니다. 장관이 도착하면 도열을 하겠다고 말입니다. 본인이 맡은 바 임무에 전념하라며 장군들을 모두 들어가라 했습니다. 국방부장관이 여기 오는 목적은 한미연합군 지휘부가 전쟁 연습을 잘하고 있는지 참관하고 지도하러 오는데 정작 훈련에 전념해야 할 장군들이 여기 나와서 장관을 맞이하는 것은 잘못된 것이라고 말했습니다. 여기는 나와 부사령관만 있을 것이라고 했습니다."

그러자 국방부장관 역시 리스카시 연합사령관에게 타당한 조치라고 치하했다.

나는 국방부장관을 수행하며 태평양사령부, 워싱턴 D.C.와 미 군 주요 부대를 여러 곳 방문했는데, 어느 곳에서도 지휘관 이외의 참모들이 나와 줄줄이 서 있는 것을 보지 못했다. 또 기념사진을 찍기 위해 참모나 장병들을 늘어세워 놓는 것도 보지 못했다. 환담이나 브리핑 시에는 꼭 필요한 참모만 배석해 지휘관을 보좌했다. 나는 해군무관 시절에도 많은 군부대를 방문했으며, 항공모함, 잠수함 등 여러 척의 군함도 방문할 기회가 많았다. 그때마다 느꼈던 것은 외국의 귀빈들이 그 부대를 방문한다고 해서 그 부대가 기본 임무 수행에 큰 지장을 받지 않는다는 것이었다. 해당 부대의 모든 장병 중 관련된 소수의 사람을 제외하고는 본연의 임무에 전념하고 있었다. 지휘관이 직접 나와 안내하고 설명하는 것이 일반적 관례였고, 최소한의 장교와 부사관만이 지휘관을 도왔다.

미 워싱턴주의 항공모함이 주둔한 에버렛(Everett) 해군 기지 방문 때도 문화충격을 받았다. 외국 무관단이 부대에 도착하니 기지대장(대령)이 나와 영접하고 부대 현황을 브리핑했다. 이어서 버스를 타고 부대를 한 바퀴 돌면서 설명했는데, 투어하는 동안 버스 운전은 한 해군소령이 했다. 투어가 끝나고 운전한 장교를 소개했는데 놀랍게도 그 부대 군종목사였다. 외국 무관단은 '왜 목사님이 운전을 하냐'고 묻지 않을 수 없었다. 부대장은 부대원들이 저마다 임무가 있어서 버스를 운전할 사람이 딱히 없었는데 마침 시간적인 여유가 있었던 군종장교 목사가 기꺼이 나섰다는 것이다. 밝은 모습으로 오늘 외국 무관단과 함께하게 되어 오히려 즐거웠다고 인사하는 군종장교에게 다들 감사의 박수를 쳤다.

우리 군이 한번쯤 새겨볼 만한 일이다. 모든 부대는 일일, 주간, 월간, 연간 계획을 세밀하게 짠다. 특히 이 계획에는 전투 준비를 위한 교육, 훈련 프로그램이 단계적으로 이루어져 집행된다. 하지만 종종 상급부대 지휘관이나 참모 또는 외부 인사들이 느닷없이 방문하는 일이 생긴다. 그럴 경우 정해진 계획보다 방문 행사를 우선시해 부대원 대부분이 뜻하지 않은 행사에 매달리게 된다. 이로 인해 계획된 업무가 차질을 빚게되는 것이다. 물론 상급부대 지휘관이나 외부 인사들이 부대를 방문하는 것도 중요한 일이다. 그렇지만 그 부대의 기본 임무와 계획된 일과에 지장을 주어서는 안될 일이다. 계획된 일보다 이벤트성 행사가 우선시되면 부대의 전투력 약화로 이어진다. 지휘관과 최소의 인원만으로도 방문하는 사람들에게 충분한 안내와 브리핑이 가능하다. 자신의 임무를 있는 그대로 당당하게, 그리고 의연하게 수행하는 모습이야말로 진짜 군인의 모습이다.

제5부

리더십

5

사랑받는 병사는 죽음을 잊고 싸운다

21세기의 개막을 앞두고 미국의 일간지 〈워싱턴 포스트〉는 지난 1000년(서기1001~2000년) 동안 인류 문명 사상 가장 크게 세계와 역사를 변화시킨 인물로 '몽골의 칭기즈칸'을 뽑았다. 칭기즈칸이 동서양을 망라해서 인류 문명과 사상체계, 그리고 역사를 변화시킨 세계적 위인으로 자리매김 된 힘은 무엇일까? 어떻게 그토록 강한 군사력을 가지게 되었고 어떻게 아시아에서 유럽을 관통하는 그 넓은 대륙에 대제국을 건설할 수 있었을까? 몽골 초원의 목초지에서 보잘것없이 성장한 칭기즈칸이 적은 병력으로 유럽의 큰 나라들을 상대하면서 잇달아 승리를 거둔 이유는 어디에 있을까? 수많은 역사가들이 칭기즈칸에 대하여 많은 기록을 남겨 놓았는데 군대의 관점에서 몇 가지 리더십 특성을 이야기하고자 한다.

첫째, 칭기즈칸은 강한 군 기강을 세웠다. 그는 승리 지상주의자다. 전투에서 패배한 군대는 국민에게 처절한 고난만을 안겨줄 뿐, 아무런 가치가 없다는 신념으로 민족의 평화와 안전을 위해 강한 군대를 만들었다. 더 넓은 지역에서 더 많은 물자를 확보해 풍요롭고 안정된 삶을 누리려면 더 큰 제국이 필요했다. 칭기즈칸은 심지어 자기 후손들이 일 년 동안 말을 타고 갈 수 있는 곳까지 땅을 넓혀 주겠다고 약속했다. 이 땅을 점령하려면 무엇보다도 강한 군사력이 필요했다. 혹독한 훈련은 필수적이었고, 운영체계도 일사불란해야 했다. 더욱이 관습도 문화도 다른 다민족 군대이기에, 거친 들판에서 움직이게 하려면 강력한 기강이 필요했음은 물론이다.

그래서 그는 엄정하게 군 기강을 유지하려고 노력했다. 부대는 십진법 개념으로 재편했다. 소규모 부대 중심이었다. 각 부대의 리더가 알아서 지휘하고 통제할 수 있도록 자율권도 보장했다. 그러나 병력을 희생시키는 지휘관은 책임을 물어 처형했다. 부하나 동료를 버리는 행위는 극히 엄격하게 다루었다. 10명으로 구성된 가장 기초 조직인 십인대 중 3명 이상이 전투 중에 도망가면 전원을 처형했다. 또한 점령지에서 개인적으로 재물을 약탈하는 행위도 강력히 통제했다. 전투가 끝나면 공정하게 배분하여 점령지에서 동료 간의 갈등과 다툼을 방지하였다.

둘째는, 혁신적인 인사 개혁으로 지휘관을 선발했다. 칭기즈칸은 사람을 무엇보다도 중시해 출신과 배경을 따지지 않고 유능한 사람을 과감하게 발탁해 임무를 맡겼다. 당시는 부족 간의 전투가 치열했던 시대였다. 부대 선두에 서서 무조건 나를 따르라며 전장으로 달려 나가는 용맹스러운 지휘관이 대세였다. 그러나 칭기즈칸의 인사 혁신 중 하나는 용감하기만 한 돌격대장식의 무식한 지휘관은 과감하게 전투 임무에서 배제하고 군수품 관리 같은 임무를 맡겼다. 이곳에서도 반성을 못하고 변화하지 않으면 말에게 풀을 먹이는 일이나 시켰다. 대제국을 건설하려는 칭기즈칸에게 필요한 지휘관은 용맹함도 중요하지만 지혜로움을 더 필요로 했다. 무조건적인 돌격대장식 지휘관은 병사들을 죽일 뿐만 아니라 제국의 꿈을 망치는 결과를 가져올 수 있다고 믿었다.

칭기즈칸은 충분한 전투 능력을 갖추었다 해도 섣불리 나서지 않고 때를 기다리다가 결정적인 순간이 오면 일격에 적을 무너뜨리는 지휘관을 원했다. 인내심과 명철한 판단력을 갖춘 인재가 필요했던 것이다. 이런 능력을 갖춘 지휘관들을 발탁하여 전장에 배치했다.

부하를 잘 모르는 사람, 타인을 잘 이해하지 못하는 사람도 리더로 뽑지 않았다. 그런 사람은 혼자서는 일을 잘하고 열심히 할 수 있지만 유능한 지휘관은 될 수 없다고 생각했다. 지휘관의 능력을 최우선시하면서도 병사의 마음을 알고 고충을 함께하는 품성 또한 중시했다. 군대를 통솔하려면 병사들과 똑같이 갈증을 느끼고 똑같이 허기를 느끼며 똑같이 피곤해야 한다고 굳게 믿었다. 그래서 부대 지휘관은 지배하는 자가 아니라 사람을 경영하는 사람, 부하들의 영혼을 움직이는 사람이어야 한다는 확신을 가지고 본인 스스로 먼저 실천하면서 인재를 등용했다.

광활한 대륙을 계속 이동하면서 벌이는 전투는 병사들의 자발적인 참여가 없으면 조직이 움직이지도 살아남을 수도 없다. 움직이고 뭉치는 것은 중요한 문제였다. 그런 이유에서 병사들은 복종이 아니라 추종에 의해 움직여져야 했다. 추종은 리더에 대한 무한 신뢰가 있을 때 가능하다. 지휘관은 솔선수범해야 함은 기본이고 성실성과 정직성으로 조직 구성원들의 신뢰를 받을 수 있는 사람이어야 했다. 그는 민족이나 출신에 상관없이 지휘관을 기용했다. 그 결과 최전선 소부대부터 자율적으로 강한 전투력을 발휘할 수 있었다.

세 번째는, 비전과 공정한 분배였다. 몽골군대 병사들은 싸움터에 나가면 죽기를 각오하고 용맹스럽게 적진을 누볐다. 그런 전투력의 원천은 항상 수수께끼였다. 몽골군 전투병은 주로 15세 이상의 어린 병사들이었다. 그들은 전투에 나가 전리품을 획득하고 노획물을 가족에게 보내는 것이 큰 보람이고 자랑이었다. 용맹스러운 전사가 되는 것이 인생의 큰 비전이었다. 당시는 정글의

법칙만이 존재하는 약육강식의 시대였다. 장식품이든, 가축이든, 심지어 아녀자든 모조리 약탈해야만 자기 가족을 먹여 살릴 수 있는 시대였다.

그러나 약탈은 항상 분배 문제 때문에 심각한 갈등으로 이어졌다. 칭기즈칸은 무분별하고 불공정한 분배의 룰을 송두리째 바꿔 버렸다. 점령지에 들어서면 지휘관이나 병사들의 개인적인 약탈은 철저히 금지됐다. 전리품 약탈이 당연시되던 시대에 개별적인 약탈을 철저히 금지시킴으로써 약탈로 인해 생기는 분쟁을 미연에 방지했다.

모든 지휘관과 병사는 전쟁 종료 시까지 각자 역할을 충실히 할 것을 강조하였다. 전투가 끝나 한 지역을 점령하고 나면 전리품 분배는 지휘관과 병사들의 공과에 따라 공정하게 이뤄졌다. 전리품은 역참을 활용하여 고향의 가족들에게 정확하게 전달되었다. 오늘날의 택배라고 할 수 있겠다. 분배에 대한 신뢰는 군인들의 사기를 높여서 계속 승전 나팔을 울릴 수 있게 만들었다. 고향에 있는 어린아이들은 몽골군에 들어가 용사가 되어 싸우는 것이 큰 비전이 되었다. 전투에서 승리하고 전리품, 심지어 노예까지 보내오는 군인을 둔 가족들은 그들이 자랑이고 희망이었다.

네 번째는, 함께하며 소통했다. 몽골제국의 황제인 칭기즈칸은 전장에서 지휘관들과 대화를 나눌 때도 자신에게 붙여진 '만물의 통치자'라는 뜻의 칭기즈칸이라는 호칭이나 황제라는 칭호보다 그냥 '칸(군주)'으로 불러주기를 원했다. 심지어 자신의 이름인 테무친이라 부르게 했다. 병사들의 마음을 헤아렸고, 그 마음을 자기편으로 움직이게 하려고 온갖 노력을 다했다. 한마디로 가슴으로 병사를 지휘하고 조직을 통솔했던 리더였다.

그는 가급적 자기주장을 먼저 하지 않고 자유로운 토론을 즐겼고, 시간이 날 때마다 다양한 계층의 군인들과 상인, 이민족을 만나 지속적으로 이야기를 나누며 정보도 얻었다. 계급 고하를 불문하고, 자기 짐은 자기가 들고, 자기 일은 자기가 하면서 부하들과 끊임없이 대화하도록 이끌었다. 당시의 병사들은 문자를 모르는 사람이 대부분이어서 충분한 설명과 대화로 전술을 이해토록 했다. 소통이 매우 중요한 작전의 수단이라는 점을 그 옛날 이미 간파한 것이다.

칭기즈칸은 러시아 원정을 승리로 이끈 군사 지도자이다. 러시아 원정은 인류 역사상 대제국을 건설한 인물 나폴레옹도, 히틀러도 실패한 전쟁이다. 그는 중국과 중앙아시아, 동유럽 일대를 정복함으로써 동서 간의 문명을 융합해 인류 문명을 새롭게 도약시킨 업적을 남겼다.

칭기즈칸의 리더십은 수많은 연구 과제를 남겼다. 무엇보다도 군 최고 지휘관으로서 탁월한 리더십은 연구하고 되새겨 보아야 할 충분한 가치가 있다. 대제국 건설을 위해 싸운 수많은 군인들은 칭기즈칸이 무서워서가 아니라 "아! 저 사람을 따르면 내 꿈이 이루어지겠구나."라는 부푼 기대가 있었기에 따랐다. "사랑받는 병사는 죽음을 잊고 싸운다."라고 말하며 지휘관들이 진정으로 부하를 사랑할 수 있도록 만들어 주었다.

뛰어난 전략과 전술, 용맹스럽고 지혜로운 리더십으로 그는 알렉산더, 나폴레옹, 히틀러가 점령했던 땅을 합친 것보다 넓은 777만 ㎢의 대제국을 이룩했다. 아울러 점령지의 문화를 존중하고 포용함으로써 몽골제국은 오랜 기간 아시아, 중동, 유럽을 통치할 수 있었다.

잘못된 관습을 버려야 혁신이 빨라지고, 창조적이 된다. 헛된 권위, 기득권, 신분 체제에 매달려 그 안에서 적당히 나눠 먹고, 부려먹기만 하는 조직은 승리할 수 없다. 칭기즈칸은 꿈을 가진 리더의 마인드가 무엇보다 중요하다는 것을 오늘날까지 가르치고 있다.

오너(Owner)인가
전문경영인(CEO)인가

미국 군대를 설명하는 브리핑 자료를 보면 흥미로운 명칭들이 눈에 띈다. 군 최고사령관(Commander In Chief)인 대통령을 군 조직의 전문경영인, 즉 CEO(Chief Executive Officer)라 표현하고, 의회는 이사회(Board of Directors)로, 국민은 주주(Stockholders)라고 설명하고 있다. 군이라는 조직을 알기 쉽게 비유적으로 표현한 것인데, 재미있고 그 의미도 명확하게 전달된다. 맞는 애기다. 군 최고 사령관, 즉 대통령은 군대라는 대기업의 총괄 최고경영자이다. 그 지휘를 받는 군 각급 부대 지휘관은 일종의 계열사 CEO라 할 수 있다.

그렇다면 전문경영인이란 누구인가? 일반적으로 CEO는 단체나 기관에서 최고의 경영권을 가진 사람으로, 구성원들을 관리하며 모든 일을 책임지고 운영하는 사람을 뜻한다. 기업에서는 소유주(Owner)와 직원 사이에서 경영 관리를 수행하는 사람이라고도 한다.

따라서 CEO는 소유주, 즉 오너(Owner)가 아니다. 오너와 달리 CEO는 이사회 결정에 따라 언제든지 해임될 수 있다. 마치 대통령도 탄핵되는 것과 같다. 그래서 CEO는 업무 실적과 조직의 성과에 책임을 져야 하는 자리이다. 그 책임감과 함께 CEO는 조직의 대표자로서 높은 도덕성과 전문성이 요구된다. 우리가 말하는 리더십이란 바로 CEO가 갖추어야 하는 능력과 소양을 뜻한다. 조직체를 이끌어 나가는 지도자의 역량 말이다. 지도자는 그 조직이 지니고 있는 힘을 맘껏 발휘할 수 있도록 구성원의 화합과 단결을 이끌어낼 수 있어야 한다. 이 때문에 미국은 군 최고 지휘관인 대통령을 CEO라고 표현하는 것이라고 생각한다.

이런 명칭과 개념을 우리 군에 적용하면 부대를 지휘하는 모든 지휘관은 CEO다. 그런데 일부 군 지휘관들 중에는 자신이 조직의 소유주인 오너라고 착각하는 경우가 있다. 소위 군대 내의 갑질 문화도 바로 군 지휘관들의 오너의식에서 시작된 것이라고 볼 수 있다. 그래서 상명하복이라는 군대 내 원칙을 아무 때나 편의적으로 적용하는 것이다. 군대는 위험한 무기를 다루고 늘 힘든 일을 하며 많은 위험 상황에 노출되는 조직이다. 유사시에는 적과 싸워야 하는 조직으로서 지휘관의 절대적인 권위와 상명하복이라는 조직의 질서는 유지되어야 할 필요가 있다. 하지만 그것이 모든 일상에 적용되어서는 안 된다. 부하 장병들에게 개인적인 임무를 부여하는 일이라든가 부대 군용품에 대한 사적 운용 등 아직도 잘못된 관행이 남아 있는 것은 매우 안타까운 일이다.

일부 기업 오너들이 직원들에게 폭언이나 폭행을 한다거나, 가맹점에 대한 갑질 행위를 하면 사회적 이슈가 된다. 오너들이 조직을 자기 소유물로 생각해 월급을 주는 직원들을 함부로 해도 된다는 잘못된 생각에서 나온 행동이다. 그런데 군인은 더 말할 나위도 없다. 아무리 높은 지휘관이라 할지라도 자기 부하의 봉급을 단돈 천 원이라도 더 주지 못한다. 계급 고하를 막론하고 군인은 모두 국가가 주는 급여를 받는, 국가에 고용된 자들이다.

그렇기에 군에서의 지휘관은 사회의 오너와 근본적으로 다르다. 부하들과 근본적으로 갑을(甲乙) 관계가 될 수 없는 것이다. 군인들에게 갑(甲)은 오로지 국민이고, 모든 군인은 지위 고하를 막론하고 을(乙)이 될 수밖에 없다. 그래서 미국에서 군의 지휘관을 Commander라고 하지만 한편으로는 CEO라고 하는 것이다. 우리가 말하는 리더십은 바로 CEO가 갖추어야 하는 덕목이기 때문이다.

아메리칸 제너럴십(American Generalship)과 인격

2003년 미국 워싱턴에서 해군 무관으로 근무하던 어느 날. 펜타곤 안의 책방을 방문했다가 〈아메리칸 제너럴십(American Generalship)〉이라는 리더십 관련 책을 읽게 되었다. 여타의 리더십 책과는 다른 흥미로운 내용이 많아 바로 구입해 며칠 동안 탐독했다. 이 책은 공군 대위 출신의 에드거 퍼이어(Edgar F. Puryear Jr.)라는 미국 국방대학교 리더십 교수가 썼다. 일반적인 리더십 책은 리더십의 이론과 원칙에 대한 서술이 많다.

하지만 이 책은 제2차 세계대전에 참전했던 미국의 명장들인 마셜, 아이젠하워, 패튼, 맥아더 등의 리더십을 분석했다. 1971년에 발간된 〈Nineteen Stars(연구 대상이 된 장군들의 별이 총 19개)〉의 연장선상에 있는 책으로 실제 장군들의 리더십에 대한 생각과 사례를 정리해 담은 것이었다.

100여 명의 대장급 장성 외에 1000여 명의 여단장급 이상 장군들과 개별 인터뷰와 서신 교환을 했으며 각종 자서전, 전기 등을 분석해 책에 담았다. 깊이 있는 분석과 생생한 인터뷰가 책에 잘 녹아 있어서 당시 미 합참 및 각 군의 리더십 추천 도서에 이름이 오를 정도였다. 특히 저자는 미국 역사상 탁월한 군사 지도자들이 어떻게 그 위치에 도달했는지, 임무는 어떻게 완수했는지에 대해 자세하게 기록했다. 결국 리더십의 핵심은 훌륭한 인격이라는 것이 책의 요지였다. 긴장된 전투 상황에서도 중심을 잃지 않고 부대를 지휘할 수 있는 정신적 원동력과 승리로 이끄는 리더십의 핵심은 인격이며, 군인 지휘관의 인격은 자기 헌신과 책임감에서 시작된다고 강조했다. 결론은 간단했지만, 이를 증명하기 위한 사례 연구가 흥미진진했다.

생각했던 것보다 더 재미있고 유익하게 읽었던 터라 나는 평소 군 리더십에 많은 관심을 가지고 있던 대선배인 Y 예비역 제독에게 이 책을 선물했다. Y 제독은 평소 존경해온 선배이고, 또 전역 후 해군사관학교에서 리더십 특강을 하고 있다는 소식을 듣고,

여러모로 도움이 될 것이라 생각했다. 마치 제주도에 귀양 가 있던 스승, 추사 김정희에게 제자인 역관 이상적이 중국에서 귀한 책을 구입하여 보냈던 것을 상상하며 은퇴한 선배에게 책을 보냈다. 추후 Y제독님은 국방부장관에 임명되었다. 그분 역시 〈아메리칸 제너럴십(American Generalship)〉을 인상 깊게 읽으셨는지, 이 책을 전군에 배포하기로 결정했다는 소식을 들었다.

하지만 저작권 문제가 있었다. 이 문제를 해결하고자 책의 저자인 에드거 퍼이어 교수를 찾아가기로 마음먹었다. 5시간을 운전해서 그의 집을 방문했다. 가는 도중에 '혹시 저작권 문제를 승인해주지 않으면 어쩌지' 하는 마음도 들었지만, 그건 기우였다. 그

▽ 퍼이어 박사와 군의 리더십에 대해 흥미로운 대화를 나누었다. 레이건 대통령을 연상시킬 정도로 그는 품위 있는 신사였다.

는 매우 친절하게 나를 맞이해줬다. 저작권 문제에 대해서 흔쾌히 '미국의 동맹국 대한민국 군인들이 볼 수 있다면 기쁜 마음으로 승인하겠다.'는 편지와 함께 아예 서문까지 작성해 주었다. 참으로 기쁜 순간이었다. 이 인연으로 퍼이어 박사가 우리 국방대학원 초청으로 내한하여 국방부에서 강연하는 것으로 이어졌다.

첫 만남에서도 퍼이어 박사는 강조했다. 리더십의 요체는 훌륭한 인격이라고. 그리고 훌륭한 인격은 자기계발, 의사소통, 부하에 대한 관심과 배려, 권한 위임 등 개인의 자질과 특성이 어우러진 총체적인 모습이라고 부연했다. 많은 전투에 참전했거나 위기를 많이 겪었다고 인격이 높아지는 것은 아니다. 인격은 도덕적 가치를 꾸준히 지켜 나가고 군인으로서 생활하는 동안 윤리적 행위를 실천함으로써 길러진다. 제2차 세계대전의 총지휘관이었던 아이젠하워 장군은 저자와의 인터뷰에서 "인격은 리더십의 모든 것입니다. 인격은 여러 요소로 이루어져 있으나 나는 인격을 성실함이라 말하고 싶습니다."라고 정의했다.

6·25전쟁 당시 육군참모총장을 지낸 콜린스 대장은 "리더십에 요구되는 절대적인 요소의 하나는 인격입니다. 군 리더들은 인격의 고결함과 정직함에 기초한 판단에 따라 올바른 행동을 해야 합니다. 명예에 의해서 행동하지 않는다면 실패한 리더가 될 것입니다."라고 말했다. 아울러 "진정한 인격을 가진 사람은 성실하고 믿을 수 있으며 사람들과의 관계에 있어서도 정직합니다. 그리고

그의 가족, 친구, 상관에 대한 충성심을 가지고 있습니다." 라고 설명했다.

고대 그리스 철학자인 아리스토텔레스 역시 인격의 중요성을 강조했다. 그는 인격은 일상에서 올바른 것을 분별하여 행하는 습관이라고 정의했다. 인격은 전시나 평시를 막론하고 군 지휘관들이 갖추어야 할 조건임이 틀림없다. 사람은 누구나 타고난 능력에는 한계가 있다. 하지만 리더는 자신이 선택한 일에 최선을 다하는 사람, 미래를 내다보고 준비하는 사람, 부하를 사랑하고 진심으로 배려해 주는 사람, 다른 사람에게 자신감과 용기를 불어넣어 주는 사람이다. 이 모든 것이 하나로 모아진 것이 바로 높은 수준의 인격이다.

아메리칸 애드미럴십(American Admiralship)과 도덕적 소명

한국에서 리더십 강연을 마친 애드거 퍼이어 박사와 다시 만나 많은 대화를 나눌 수 있었다. 처음 방문한 한국에 대한 이야기와 국방부장관을 비롯한 군 고위자들의 리더십에 대한 관심과 열정에 깊은 감명을 받았다고 했다. 나는 농담 반, 진담 반으로 "왜? 제너럴십만 있고 애드미럴십은 없나요?"라고 물었더니 그는 웃으면서 그렇지 않아도 지금 탈고를 했다고 밝혔다.

이듬해인 2005년 1월에 연락이 와서 워싱턴의 한국 식당에서 만난 퍼이어 박사는 지금 막 출판사에서 가져온 최신 책이라면서 몇 권을 내게 주었다. 국방부장관, 해군참모총장에게도 전해 주라고 했다. 출판사(미 해군사관학교 출판국)와 협의를 마쳤으니 한국어로 번역해서 한국 장교들에게 배포하는 것에 대해 저작권을 승인한다는 편지도 함께 주었다. 미국 내에서 아직 배포도 되지 않은 신간 서적을 한국어로 번역해서 사용해도 좋다는 것은 매우 큰 배려였다. 나는 바로 책을 한국으로 보냈고 해군사관학교에서 이 책을 번역, 출판해서 전군에 배포했다.

아메리칸 애드미럴십과 제너럴십의 근본적인 공통점은 역시 지휘관의 인격이었다. 인격적인 소양을 갖추는 것은 지휘관의 기본적인 덕목이라는 것이다. 이 책은 40여 년 동안 수많은 성공한 해군 지휘관들과 면담하고 서신을 교환하며 탐구한 결과를 정리한 서적이다. 대표적으로 해군 원수였던 윌리엄 리히(William D. Leahy), 어니스트 킹(Ernest J. King), 체스터 니미츠(Chester W. Nimitz), 알레이 버크(Arleigh A. Burke), 하이먼 리커버(Hyman G. Rickover) 등 우리 해군 장교들에게도 잘 알려진 제독들이다. 이들이 후배들에게 전해 주는 리더십에 대한 생각과 노하우를 정리했다고 보면 된다.

이 책의 부제는 해군 지휘의 도덕적 소명(The Moral Imperatives of Naval Command)이다. 도덕적 의무를 수행하기 위한 중요한 사항

들을 기술하였는데 내가 주목한 분야는 지휘와 책임 부분이었다. 지휘는 무엇을 수반하고 있는가? 지휘관은 하루 24시간 1주일에 7일간 자신의 책임을 다하기 위하여 기꺼이 헌신해야 한다. 이 소임을 다하기 위해서 때로는 아내와 가족이 소외되는 것도 감수해야 한다는 것이다.

내용 가운데 해군대장 키네드 맥키(Kinnaird McKee)가 한 말이 의미심장하다. "선량하고 선의를 가진 사람들이 져야 하는 이 책임감은 잔인하리만큼 냉정하다. 책임질 것인가 또는 지지 않을 것인가의 선택 기로에서 책임지지 않을 경우, 잔인한 바다가 가르쳐 주는 것처럼 그를 따르는 장병들의 믿음과 신뢰를 상실하고 마는 것이다. 왜냐하면 장병들은 자신의 행위에 대해 책임지지 않는 지휘관을 신뢰하지 않기 때문이다."

미국 지휘관들의 여러 가지 사례를 분석하고 인터뷰를 하면서 요약한 성공적인 리더십의 공통점은 ①자기 자신보다는 상대방을 위하는 열정적인 봉사정신 ②힘든 의사 결정을 내려야 하는 직책을 완수하기 위한 강한 열정과 품성 ③가장 건전한 결정을 도와주는 육감 ④예스맨에 대한 혐오 ⑤지속적인 독서 생활을 통해 형성된 성숙한 지각력 및 판단력 ⑥자신이 지휘하는 부하들에 대한 멘토십(Mentorship) 능력 ⑦믿을 만한 부하에게 리더십 책임을 위임하는 능력 ⑧참다운 인격(문제 해결에 집중하고 책임을 전가하지 않는)이라고 정리하였다.

또 이 책에서는 책임 평가와 책임 추궁에 대한 설명도 사례를 통해 언급되었다. 책임 평가는 발생된 사건을 검토하여 그 사건에서 무엇을 배울 수 있는가를 결정한다는 의미가 함축된 것이다. 반면에 책임 추궁이란 단지 이들이 저지른 잘못을 덮어쓸 희생양을 찾아낸다는 의미에 불과하다는 것이다. 만일 사건, 사고에 대한 조사가 책임질 누군가를 찾는 데 초점을 맞추거나 잘못을 은폐하는 방향으로 이루어진다면 아무도 책임의식을 느끼지 않을 뿐만 아니라 아무런 교훈도 얻지 못한다는 것이다.

2000년 10월 12일 예멘의 아덴에서 재급유 중이던 콜(Cole)함 피격 사건이 있었다. 두 명의 테러리스트가 배를 몰고 와서 폭탄을 터뜨린 것이다. 이 사고로 승무원 17명이 죽고 42명이 부상을 당했다. 미 해군에서는 즉각 조사위원회를 구성하고 누가 책임질 것인가를 규명하기로 했다. 책임 있는 사람을 비방하기보다 미래의 공격을 분쇄하거나 완화시킬 수단을 찾는 데 초점을 맞추는 것이라고 했다. 이후 모든 분야에 대한 조사가 이루어졌다.

2개월여가 지나 클라크(Vern Clark) 해군참모총장은 이 사건의 책임에 대해 성명서를 발표했다. 일차적인 책임은 테러리스트라고 분명히 밝힌 다음, 함장은 자신이 알고 있는 상황에 대한 평가를 기초로 병력보호 조치를 합리적으로 시행했다며 함장과 승무원에게 징계 조치를 내릴 만한 것이 아니라고 판단된다고 분명히 못박았다.

또한 사건 발생과 관련하여 함장이 사전에 대비하지 못한 부분에서는 모든 지휘부가 공동책임을 져야 한다고 결론을 내렸다. 철저한 조사와 법에 근거한 최종 판단에 따라 콜함의 리폴트 함장은 해임되지 않고 계속 근무할 수 있었다. 책임소재는 법과 규율에 따라 가려질 뿐이다. 다른 요인이 개입될 여지가 없다.

우리 군에서도 많은 사고가 발생한다. 사고를 대할 때마다 같은 사고라도 언론에 공개되고 세간의 관심이 커지면 처벌이 더욱 커지거나 책임지는 한계가 확대되기도 한다. 그래서 군부대에서 사고가 발생하면 축소 또는 은폐하고자 하는 일들이 생긴다. 설사 언론과 여론으로부터 심한 질타가 있다 하더라도 신뢰할 수 있는 조사를 통해 분명한 책임 소재를 규명하고 이에 합당한 처벌이 내려져야 한다. 전방 부대에서 근무하는 병사의 죽음으로 육군참모총장까지 책임을 묻는 것이 타당한 것인지 생각해볼 문제다.

쇼(show)하는 군대는 No, 진정한 쇼맨십은 Yes

앞서 언급한 〈아메리칸 제너럴십〉에서 '쇼맨십'은 성공적인 리더십에 있어서 또 하나의 중요한 요소로 꼽힌다. 이것은 긍정적인 영향을 미치는 '직감'의 일종으로 부대원들에게 주는 독특한 메시지가 있다.

아이젠하워 장군은 제2차 세계대전 당시 가슴에 두 개의 포켓이 있고 허리에 밴드가 달린 '아이젠하워 재킷'을 입고 항상 미소 띤 얼굴로 다녔다. 브래들리 장군은 이 미소가 몇 개 사단 정도의 가치가 있다고 평가했다. 맥아더 장군은 옥수수 파이프를 물고, 찌그러진 모자와 카키 셔츠의 이미지로 유명하다.

군 지휘관은 때로는 쇼맨십을 통해서 부하들에게 강한 인상과 메시지를 심어주고 부대를 결속시키는 노력을 해야 할 필요가 있다. 그러나 여기서 명심해야 할 것은 쇼맨십에 진정성 있는 모습이 느껴져야 한다는 것이다. 그리고 그 쇼맨십에는 누구나 납득할 수 있는 무언의 메시지가 담겨있어야 한다. 만약에 그런 애정과 의미가 담겨 있지 않다고 느껴진다면 그것은 그야말로 삼류 쇼로 전락하고 만다. 이런 면에서 쇼맨십을 가장 잘 활용하는 곳이 미국 군대가 아닐까 싶다.

미국의 대통령들은 군대 행사에서 연설을 할 때도 통상 장병들을 배경으로 하고 선다. 배경의 장병들도 면면이 살펴보면 남성과 여성, 인종별로 골고루 섞여 배치되어 있다. 이것은 군 총사령관으로서 대통령인 자신의 힘은 바로 '내 뒤에 있는 장병들'이라는 무언의 암시가 아닌가 하는 생각이 든다.

사관학교 졸업식같이 군인과 군인 가족들이 함께하는 행사에서는 대통령이 졸업생들과 하이파이브를 하는 등 연출되지 않은 자연스러운 행동들도 보인다. 설사 연출된 것이라 해도 그 자연스러운 모습에서 진정성이 느껴진다. 신임 소위로 임관하는 장교들과 군 최고 사령관의 자연스러운 스킨십은 상하 간에 진정한 존경과 신뢰를 나누게 한다.

또한 군 최고 지휘관이 장병들과 함께하는 자연스러운 모습은 애정을 가지고 있다는 느낌을 갖게 한다. 한 예로 부시대통령은 60회 생일 날 생일케이크를 직접 들고 장병들을 찾아갔다. 땀에 젖은 셔츠 차림으로 장병들과 함께하는 모습에서 속 깊은 리더의 이미지를 느낄 수 있게 했다. 의도적인 것이라 할지라도 보는 사람의 마음에는 자연스럽게 리더에 대한 존경과 감동이 밀려온다. 리더의 쇼맨십은 때로는 강한 카리스마를 통해 지도력을 보여 주기도 하고, 때로는 소탈한 모습 속에서 '우리는 하나다.' 라는 동료의식을 심어주기도 한다.

역사적으로 이미지 메이킹을 통한 강력한 리더십을 가장 잘 활용한 사람은 나폴레옹이다. 대표적인 사례로 '알프스산을 넘는 나폴레옹' 그림이 있다. 멋진 갈기를 가진 백마에 올라 험한 날씨를 뚫고 바위산을 오르며 진격을 명하는 나폴레옹의 모습이다. 그러나 당시 알프스산의 생 베르나르 협곡은 워낙 험준해서 말을 타고 넘기는 불가능했다. 나폴레옹은 실제 작은 노새를 타고 넘었다. 그렇지만 이 알프스산은 유럽을 평정한 정복자들이 하나같이 넘었던 상징성이 있었다. 카르타고의 명장 한니발, 신성로마제국의 황제 샤를 마뉴 같은 영웅의 이미지를 부각시키기 위해 꾸며

낸 미화된 그림이라는 것이다.

나폴레옹은 신고전주의의 대표적인 화가인 자크 루이 다비드(Jacques Louis David)로 하여금 이 그림을 그리도록 했다. 자크 다비드는 오늘날의 전속 사진사와 같은 역할을 했고, 나폴레옹의 의도대로 그림을 그렸다. 물론 나폴레옹은 정치적인 목적으로 자신의 이미지를 미화해 활용했지만, 강력하고 영웅적인 리더의 모습을 통해 부하들의 사기를 높이고 강력한 응집력을 만들어, 높은 전투력을 발휘하게 했다는 면에서는 시사하는 바가 크다.

핵심 가치

군인의 모든 것

핵심 가치

유사 이래 강한 국가를 만드는 힘은 항상 강한 군대에서 시작되었다고 해도 과언이 아니다. 국가의 흥망성쇠는 그 나라 군대의 힘에 의해 좌지우지되었다는 것을 역사 속에서 수많은 사례가 증명하고 있다.

강한 군대의 힘의 원천은 무엇일까? 강력한 무기로 무장한 군대가 강하다고 일반적으로 생각한다. 하지만 강한 군대가 반드시 강력한 무기만으로 되는 것은 아니다. 예나 지금이나 강력한 군대의 힘의 원천은 사람에게 있다. 군대라는 조직을 구성하고 있는 사람, 군인이 군사력의 근본이다. 군대가 강력한 힘을 발휘하기 위해서는 군대를 구성하고 있는 군인의 정신적, 육체적 힘이 강해야 하는 것이다.

그렇다면 군인의 힘은 어디서 나오는 것일까? 사람이 모인 집단에는 그 조직만의 독특한 문화가 형성되기 마련이다. 서로 공생하기 위한 교류와 협력이 조화롭게 이뤄질 때 그 조직은 강한 응집력을 갖고 조직력을 발휘할 수 있다.

이런 협력과 조화는 고유의 조직문화 속에서 성장하고 발전한다. 조직문화의 성격에 따라 구성원들 간의 행동 규칙이 달라지고 집단 내의 권위나 의식행위, 통제된 절차 등 격식과 규범이 만들어진다. 이 독특한 조직문화는 어떤 기반 위에 만들어지는 것일까? 여러 가지 요인이 있겠지만 한 조직의 집단문화는 근본적으로 그 조직원들이 공유하는 핵심 가치를 기반으로 형성된다. 공유하는 핵심 가치에 기초해 행동 절차와 의식, 규범이 정립될 때 조직원들은 강한 응집력을 가질 수 있게 된다. 조직의 문화는 생명체와 같아서 시간의 흐름과 환경의 변화에 따라 진화한다. 그러므로 나는 무엇보다 멈추지 않는 개혁과 혁신이 더 좋은 군대, 더 강한 군대를 만드는 첩경이자, 원칙이라 생각한다.

그리고 그 개혁의 원천은 핵심 가치의 공유라고 강조하고 싶다. 사람에게 인생관이 중요하듯, 조직도 조직원이 공유하는 가치와 철학이 매우 중요하다. 당장은 강력한 경쟁력을 지닌 조직일지라도 조직 특유의 핵심 가치와 정체성을 공유하지 못하면 시대 변화의 격렬한 흐름과 외부의 도전을 이겨내기 어렵다. 공공이든, 민간이든 오랫동안 지속되는 일류 조직은 구성원들이 조직 특유의 핵심 가치와 철학을 공유하고 있다는 공통점이 있다.

우리 국군은 사명과 임무라는 고유 가치를 중시해 왔다. 이는 우리 군대의 목표이고 존재의 이유다. 그러나 핵심 가치는 아니다. 핵심 가치란 조직 내부의 도덕적인 기준이면서 올바른 행동들을 제시하는 기본적인 규범이다. 또 조직 구성원들이 공유하는 가치관이자 신념이다. 사명과 목표를 달성해 가는 수단이고 방법이기도 하다.

그렇다면 우리 군의 핵심 가치는 무엇일까, 생각해 본다. 딱히 떠오르는 게 없다. 어쩌면 우리 군은 너무 관행에 따라 유지되어 온 조직이 아닌가 생각해본다, 그러다 보니 그때그때 시대의 변화를 따라가지 못해 강압적인 문화나 지나친 권위주의, 비합리적인 관행 같은 유산에 계속 의존해온 게 아닌가 싶다. 그리하여 멸사봉공, 상명하복, 임전무퇴와 같은 정신적 사명감에 함몰돼 왔는지도 모른다. 군의 핵심 가치는 군인정신과 군대의 사명을 만들어 주는 매우 중요한 기본 요소인데, 그동안 이에 대해 소홀했거나 중요성을 제대로 인식하지 못했다.

우리 군은 국방개혁이라는 큰 명제 앞에 서 있다. 전시작전권

전환, 상부구조 개편, 첨단무기체계 구축, 효율적인 군 운영 등 개혁 과제가 산적해 있다. 이 개혁이 일종의 하드웨어적 개혁이라고 한다면, 이 하드웨어를 움직이는 소프트웨어, 즉 군인에 대한 의식과 조직문화를 개혁하는 일을 더 중요하게 추진해야 한다고 본다. 올바른 핵심 가치를 정립하고 가치 중심적인 군대문화를 새롭게 만들어 가야 할 시점이다. 이러한 노력의 귀결점이 바로 '존경받고 신뢰받는 자랑스러운 강한 군대'일 것이다.

핵심 가치는 영혼이다

"가치관이 없는 조직이란 단지 사람들의 집합에 지나지 않으므로 존재할 수 없다." 세계적인 석학이자 경영사상가인 피터 드러커의 말이다. 핵심 가치의 중요성을 강조한 것이다. 풍랑을 만난 항해사가 북극성을 보고 북쪽을 찾는 것처럼, 외부의 풍파에 흔들림 없이 전진할 수 있게 만드는 것이 바로 핵심 가치다. 이 때문에 기업들은 앞다투어 핵심 가치를 만들어 선포해왔고, 구성원들은 이를 통해 일체감과 소속감을 갖게 된다. 이것은 곧 조직이 나아갈 방향을 제시하는 나침반이라 할 수 있다.

예컨대, 삼성전자는 '인재제일', '최고지향', '변화선도', '정도경영', '상생추구'가 핵심 가치이며, 포스코는 '윤리', '화목', '창의',

'일류'를 내걸었다. 현대자동차는 '고객 최우선', '도전적 실행', '소통과 협력', '인재 존중', '글로벌 지향'을 내세웠다. 핵심 가치는 조직 내에서 일을 진행하는 데 따른 사고와 행동의 기준을 제시한다. 핵심적인 원칙과 신념은 모든 의사 결정에서 가장 중요한 기준이 되어, 외부 환경의 변화에도 오랫동안 변하지 않는 특성으로 되는 것이다. 조직의 영혼과도 같다.

우리 군의 핵심 가치는 무엇인가. 국방부 홈페이지엔 국방비전으로 '유능한 안보 튼튼한 국방'과 국방 목표로 '외부의 군사적 위협과 침략으로부터 국가 보위', '평화통일을 뒷받침', '지역안정과 세계평화에 기여'라고 나와 있다.

세계 최강의 군사력을 가진 미국은 어떠할까? 미국 군은 국방 전체와 군별 특성에 맞는 핵심 가치를 구분하고 있다. 국방부에서는 핵심 가치란 변하지 않는 근본 원칙으로 군인, 군무원들이 조직 내에서 매일매일 수행하는 업무의 기준이라고 정의하고 있다.

미 국방부가 말하는 조직의 핵심 가치는 두 가지다. 첫째는 리더십, 전문성, 기술적 노하우이다. 둘째는 모든 군인에게 해당되는 의무, 성실, 도덕, 명예, 용기 그리고 충성심이다. 미군은 특성상 다양성을 존중하며 각 군의 특성에 맞는 조직의 핵심 가치도 함께 운용한다. 육군의 경우는 충성심, 의무, 존경, 사심 없는 봉사, 명예, 성실, 그리고 개인적 용기다. 해군과 해병대는 명예, 용기, 헌신이다. 공군은 성실 우선, 자신보다 봉사가 우선이다. 일에서 최고를 지향한다. 미국 국방부는 해안경비대도 하나의 군으로 간주한다. 해안 경비대는 명예, 존경, 그리고 의무에 대한 헌신이라는 가치를 조직원들이 공유하고 있다.

이처럼 미국 군대의 핵심 가치는 조직원들에게 강한 조직에 대한 정체성을 제공해 주고, 조직과 개인 간의 상호 교류와 행동의 기준을 마련해 준다. 두 가지 요소 임무 수행을 할 때 임무의 다양성을 효과적으로 형상화해 주고 있다. 미국 국방부와 각 군의 공통되는 가치는 의무, 성실, 도덕, 명예, 용기, 헌신 등으로 정리된다.

이러한 가치가 미국 군대 조직 내부의 도덕적인 기준이 되어, 올바른 행동들을 제시하는 기본적인 규범 역할을 한다. 오랜 세월 미국 군인과 군무원들의 공통된 가치관이고 신념이 되어온 것들이다. 이 핵심 가치는 국방부장관이나 각 군 참모총장이 바뀌어도 변하지 않는다. 조직의 고유 가치로 이 가치에 의한 도덕적 기준은 계급 고하를 막론하고 적용되며 지속적으로 유지된다.

우리도 하루빨리 핵심 가치를 정비해야 한다고 생각한다. 불확실한 환경에 대처하기 위한 비전이자 철학이라 할 수 있기 때문이다. 생존을 위해 몸부림쳐야 하는 기업처럼, 최선을 다해 이를 공유하도록 불철주야 노력해야 할 것이다. 물론 핵심 가치가 빛나려면 실천이 전제되어야 한다. 실천 지침이 될 수 있는 원칙과 규범이 있어야 한다.

핵심 가치의 정립이야말로 가장 빠르게 군대문화를 혁신하는 방법이라 생각한다. 그 가치를 위반하면 조직 내에서 법적인 처벌보다도 더 가혹한 조직원의 질타가 따르도록 말이다. 매사 그 원칙을 생각하면서 행동하면 불미스러운 일이 전부는 아니더라도 상당 부분 해소될 것으로 본다. 개혁은 외부에서 강요하는 것보다 자율적 규제로 시작하는 것이 효과적이다. 그래야 안정적이고 지속적으로 변화를 이끌어낼 수 있기 때문이다.

지휘 방침이 아닌 핵심 가치에 따르라

군대 조직의 특성은 방향성과 단결력, 지속성이다. 군부대는 어느 조직이든지 조직의 사명과 임무, 기능이 상세히 명시되어 있다. 그런데 우리는 실제 어떤가? 지휘관이 새로 부임하면 새로운 지휘 방침을 내놓게 되고 조직은 이를 새로운 목표와 과업으로 인식한다.

육군의 경우는 참모총장의 지휘 의도를 '강한 육군, 자랑스러운 육군 건설'을 표어로 6개 항목을 발표했고, 해군은 '전투준비태세 확립, 신뢰받는 해군상 정착, 창조혁신적인 부대 운용, 미래대비 정예해군 건설'로 명시되어 있다. 공군은 따로 참모총장의 지휘 방침을 두지 않는다. 홈페이지에 목표와 비전, 핵심 가치를 게재하고 있다. 예하 부대로 가면 모든 부대장도 각기 지휘 방침을 설정해 놓고 있다. 나도 부대장을 할 때마다 멋진 지휘 방침을 만들어 보려고 애썼다.

모든 부대는 부대마다 명시된 임무가 있고, 주어지는 과업들이 있다. 그런데도 지휘관이 바뀔 때마다 지휘 방침을 두니까 구체적인 추진 방안을 짜느라 여럿이 매달려서 며칠이고 밤을 새우기도 한다. 그런데 대부분 지휘 방침이 관념적인 데다 이전 것들과 비슷비슷해서 결과적으로 포장만 바꾸는 꼴이 되는 경우가 허다하다.

미국의 경우는 지휘관이 바뀌었다 해도 별도의 지휘 방침을 내놓지 않는다. 미 국방부 및 모든 부대 홈페이지를 봐도 참모총장 등 지휘관의 지휘 방침은 찾아볼 수 없다. 육·해·공군 및 해병대 모두 각 군의 임무가 상세히 명시되어 있고, 각 군이 추구하는 핵심 가치가 변치 않고 존재하기 때문이다. 그렇기에 어느 부대든 지휘관이 바뀔 때마다 그 임무와 비전이 변경될 까닭이 없다. 지휘관이 참모들에게 업무 수행 지침을 하달하는 경우는 종종 있다. 다만 업무를 수행하는 방식을 새롭게 창의적으로 하고자 할 때다.

한미연합사령관 빈센트 브룩스(Vincent K. Brooks) 대장이 2016년에 부임하고 나서 내부에 하달한 업무 지침을 보면 '사령관처럼 생각하되, 사령관을 위한 생각은 하지 말 것', '임무 수행 시 대한민국의 자주권을 침해하지 않도록 선을 지킬 것', '사령관과 대화의 문은 항상 열려 있음' 등과 같은 내용들이다. 새로운 목표를 설정하는 것이 아니라 정해진 목표를 수행하는 데 따른 새로운 방식을 하달하는 것이다. 우리의 지휘 방침이 무조건 잘못됐다고 하는 것은 아니다. 지휘관이 바뀔 때마다 변하는 조직의 지휘 방침에 대해 다시 생각해보자는 것이다.

지휘관은 일정 기간 그 조직을 책임지는 일종의 CEO이다. 일반 기업과 비교하면 근무 기간도 매우 짧다. 근무 기간도 얼마 되지 않는 CEO가 새로 부임해 올 때마다 지휘 방침을 새로 설정하니 이래저래 낭비 요인만 생길 가능성이 높다. 조직에 명시된 목표에 충실하고, 각 조직의 핵심 가치를 설정하여 업무 수행의 방향성과 연속성, 일관성을 유지한다면 불필요한 행정을 줄일 수 있고 본질에 충실한 업무를 수행할 수 있다고 본다.

제6부

그들이 있었기에, 무명용사

6

<비목>에 담긴 아픔

6·25 전쟁은 끝났다. 깊은 계곡을 감싸던 화약 연기도, 이끼 덮인 돌무덤도 사라졌다. 먹고사는 문제로 전쟁의 참상은 점차 잊혀지고, 쫓기는 일상에 호국 영령들의 넋은 우리 곁에 머물 새가 없다. 하지만 목숨 바쳐 나라를 지킨 이들이 외면 받는 나라, 그건 단연코 있어서는 안 되는 일이라고 힘주어 말하는 이가 있다. 국민가곡 〈비목〉을 작사한 한명희 대한민국예술원 부회장이다. 비목(碑木)은 죽은 이의 신원 등을 새겨 무덤 앞에 세우는 비다. 노래는 이렇게 시작된다.

초연이 쓸고 간 깊은 계곡, 깊은 계곡 양지 녘에

비바람 긴 세월로 이름 모를, 이름 모를 비목이여
먼 고향 초동친구 두고 온 하늘가
그리워 마디마디 이끼 되어 맺혔네

궁노루 산울림 달빛 타고, 달빛 타고 흐르는 밤
홀로 선 적막감에 울어 지친 비목이여

그 옛날 천진스런 추억은 애달파
서러움 알알이 돌이 되어 쌓였네

사연은 이렇다. 1963년 화천 수색중대 GP장(비무장지대 경계 초소장)으로 근무하던 한 젊은 장교가 백암산 비무장지대를 순찰하던 중 어느 무명용사의 돌무덤을 보았다. 전쟁 당시 최전선에서 싸우다 목숨을 잃은 이 병사의 무덤은 돌을 얼기설기 쌓아올린 가묘였다. 가묘 앞에 꽂아둔 나무 막대기는 오랜 세월 동안 비바람에 씻겨 초라함을 더했다. 주변엔 녹슨 철모와 수통, 탄피 등이 어지럽게 나뒹굴고 있었다. 그 장교는 수색지에서 들려오는 듯한 무명용사의 절규를 시에 담았다. 이 시는 절박한 상황에서 돌무덤과 비목으로 전우의 넋을 기리고 황망히 떠날 수밖에 없었던 그 처절한 참상을 떠올리게 한다. 추후 무명용사의 희생을 상징하는 이 시에 고 장일남 한양대 교수가 곡을 입혔고 이후 국민가

곡의 반열에 올랐다.

"달밤에 비치던 무명용사의 비목이 여전히 눈에 선하다."고 시를 썼던 한명희 선생은 회상한다. 한 세기도 채 안 되는 세월 동안 전쟁의 아픔과 희생의 비극을 까마득히 잊고 살고 있는 우리 국민은 망각의 민족이라고 그는 꾸짖었다. 그 안타까움을 담아 1996년부터 그는 매년 진혼예술제를 열어 조국을 위해 몸을 바친 용사들을 기리고 있다. 벌써 20년 이상 그의 집뜰에는 무명용사들을 기리는 불꽃이 일년 내내 꺼지지 않고 타오르고 있다. 그래서 그는 호국의 달 6월이 되면 생각나는 상징적인 인물이 됐고, 슬픈 역사를 잊고 사는 우리들에게 큰 울림을 주고 있다.

600여만 명의 사상자를 낸 6·25전쟁이 끝난 지 60년이 훌쩍 넘었지만 여전히 북은 핵과 미사일로 남을 위협하고 있다. '서울 불바다' 등의 무섭기 짝이 없는 말로 공포를 주고 있다. 이런 상황에서도 전쟁을 마치 남의 일처럼 생각하는 사람이 적지 않아 씁쓸함을 금할 수 없다. 그렇게 6·25전쟁은 잊혀져가고 있다. 압록강과 백마고지에서, 그리고 이름 모를 들녘에서 숨져간 숱한 무명용사들의 원혼이 서린 이 땅에서 이게 말이나 되는 이야기인가?

오늘의 대한민국이 있기까지에는 무수한 사람들의 헌신이 있었다. 그중에서도 나라를 위해 목숨을 바친 분들의 예우에는 결코 모자람이 있어서는 안 된다. 잃어버린 조국을 되찾기 위해 이역만리 낯선 땅에서 초개와 같이 일신을 바친 순국선열과 애국지사의 공헌은 물론이고 동족의 침략에 맞서 조국 수호를 위해 육탄으로 이를 저지한 호국 영령의 넋을 기리고 계승하고 발전시키는 것은 후손들의 당연한 책무다. 선진국일수록 국가적 의식을 통해 애국심을 고취하기 위한 다양한 노력을 하고 있다.

미국은 현충일을 '메모리얼 데이'라 해서 5월 마지막 월요일에 추념행사를 하고 있으며, 프랑스, 캐나다, 호주 등 제1차 세계대전의 연합국들은 종전일(1918년 11월 11일)을 기념해 매년 현충일 행사를 갖는다. 영국은 가장 치열한 전투를 치른 플랜더스 들판에 장병들 핏자국마다 양귀비꽃이 피었다고 해서 현충일을 '포피 데이(Poppy Day)'라 한다. 그날에 사람들은 양귀비꽃을 가슴에 달고 다닌다. 러시아는 좀 더 독특하다. 모스크바의 젊은이들은 혼인신고를 마치면 가장 먼저 크렘린 광장 근처 무명용사 묘 앞에 가서 꽃다발을 바친다. 이젠 하나의 문화로 자리 잡았다.

우리나라도 예로부터 애국심을 심어주기 위한 노력을 해왔다. 자료에 의하면 고려 현종 때는 6월 6일을 망종일로 정해 전사한 장병들의 뼈를 집으로 봉송하고 제사를 지내주는 풍습이 있었다고 한다. 1951년부터 1955년까지는 6·25전쟁으로 전사한 전몰장병 합동추도식을 거행하다가, 1956년 현충일을 국가기념일로 제정해 오늘에 이르고 있다. 다른 때는 몰라도, 해마다 맞이하는 호국보훈의 달인 6월이 되면 가까운 국립묘지나 현충탑을 찾아 경건한 마음으로 한 송이 꽃을 바치고, 주변의 보훈가족을 위로하고 감사하는 마음을 갖는 것은 어떨까 싶다.

무명용사에게 태극무공훈장을

내게는 어머니 아버지 귀여운 동생들도 있노라
어여삐 사랑하는 소녀도 있었노라
내 청춘은 봉오리지어 가까운 내 사람들과
이 땅에 피어 살고 싶었었나니
내 나라의 새들과 함께
자라고 노래하고 싶었노라
그래서 더 용감히 싸웠노라 그러다가 죽었노라
아무도 나의 죽음을 아는 이는 없으리라
그러나 나의 조국 나의 사랑이여!
숨지어 넘어진 이 얼굴의 땀방울을
지나가는 미풍이 이처럼 다정하게 씻어 주고
저 푸른 별들이 밤새 내 외롬을 위안해 주지 않는가!

나는 조국의 군복을 입은 채
골짜기 풀숲에 유쾌히 쉬노라

이제 나는 잠시 피곤한 몸을 쉬이고
저 하늘에 날으는 바람을 마시게 되었노라
나는 자랑스런 내 어머니 조국을 위해 싸웠고
내 조국을 위해 또한 영광스레 숨지었노니
여기 내 몸 누운 곳 이름 모를 골짜기에
밤이슬 내리는 풀숲에 아무도 모르게 우는
나이팅게일의 영원한 짝이 되었노라
바람이여! 저 이름 모를 새들이여!
그대들이 지나는 어느 길 위에서나
고생하는 내 나라의 동포를 만나거든
부디 일러 다오,
나를 위해 울지 말고 조국을 위해 울어 달라고
저 가볍게 날으는 봄나라 새여
혹시 네가 날으는 어느 창가에서
내 사랑하는 소녀를 만나거든
나를 그리워 울지 말고, 거룩한 조국을 위해
울어 달라 일러 다오

조국이여!
동포여!
내 사랑하는 소녀여!

나는 그대들의 행복을 위해 간다
내가 못 이룬 소원 물리치지 못한 원수
나를 위해 내 청춘을 위해 물리쳐 다오

1950년 8월에 쓴 모윤숙(毛允淑) 님의 대표적인 시 〈국군은 죽어서 말한다〉의 한 부분이다. 시인은 6·25 전쟁 당시 경기도 광주 근처 산골짜기에서 죽어 넘어진 국군의 시체를 보고 썼다고 한다. 난 이 시를 대할 때마다 국립서울현충원 한쪽에 외롭게 자리하고 있는 학도의용군 무명용사 묘역이 떠오른다. 사람들의 발길도 닿지 않는 곳이고, 있는지 없는지조차도 모르는 곳이 우리 학도의용군 무명용사 묘역이다. 그곳을 바라볼 때마다 군인으로서 나 자신이 한없이 부끄럽고 미안하다. 누가 이곳을 찾아 이들의 고귀한 희생과 헌신에 대해 경배할까?

이들은 유족도 친구도 없는 그야말로 이름도 성도 모르는 말 그대로 무명용사다. 오로지 나라를 위해 작은 힘이라도 보태겠다는 한 가지 생각만으로 총을 들었던 어린 학생들이다.

6·25전쟁 당시 전국 각지에서 5만여 명의 학생이 교복을 입은 채 학도의용군으로 자진 참전했다. 이들에겐 군번도 없었다. 용감히 싸우다가 7,000여 명이 전선에서 장렬하게 전사했다. 그러나 유해의 대부분은 찾지 못했다. 포항지구 전투에서 산화하여 가매장되었던 유골 48위만 1964년 4월에 국군묘지(현 국립서울현

충원)에 안장되었다. 안장될 당시 이들의 유해가 있는 무명용사탑은 국립묘지 정중앙인 지금의 현충탑 위치에 건립되었다. 그러나 1967년 현충탑을 새로 건립함에 따라 옆자리로 밀려 1968년 3월에 현재 위치에 자리 잡게 되었다. 비 앞에는 '무명용사영현'이라고 쓰여 있으며, 뒷면에는 '이곳에 겨레의 영광인 한국의 무명용사가 잠드시다. 단기 4288년 7월 15일 대한민국'이라고 적혀 있다.

1962년 6월 6일자 동아일보 3면 신문 기사를 보면, '제7회 현충일'이란 제목 아래 다음과 같은 기사가 나온다.

'무명용사비 옆에는 두 개의 장명등(長明燈)이 24시간 줄곧 켜져 있고 묘역 뒤 숲에는 장병들이 소속되어 있던 각 군 및 각 사단의 마크가 큼직하게 그려져 있으며 묘지 곳곳에 서울을 비롯한 각 도(道)의 공원이 마련되어 있어 제가끔 고장의 독특한 자연석이나 나무 혹은 고적과 명소를 모작하여 놓아 용사들의 넋을 달래주고 있다.'

아마도 무명용사비가 만들어질 당시에는 그 고귀한 가치를 선양하고자 매우 정성을 들여 세심하게 신경을 쓴 듯하다. 그런데 현충탑에 밀려 이전하면서 부대 마크도, 각 도의 공원도 모두 사라지고 덜렁 비석과 유해만 옮겨졌다. 안타깝게도 처음에 만들었을 때의 깊은 뜻은 온데간데없이 사라져 버렸다. 이들의 유족이 있었다면 하소연이라도 할 수 있었을 텐데… 그 뒤로 이곳은 점점 사람들로부터 잊혀져 갔다. 군과 국가마저도 이곳의 고귀한 가치를 망각한 듯하다. 진정한 호국의 영웅들이 바로 그들인데 이렇게 나라에 충성했던 영웅들이 사실상 그 누구의 보살핌도 없이 내팽개쳐진 것 같다는 느낌을 지울 수 없다. 그들이 있었기에 오늘날 우리가, 대한민국이란 국가가 있는 데도 말이다….

대부분 전쟁을 치른 나라의 국립묘지는 중심부에 무명용사를 기리는 묘역을 마련한다. 공식적으로 국립묘지를 찾을 때는 무명용사 묘지에 가장 먼저 헌화하고 참배를 한다. 국가를 위해 싸우다 이름조차 남기지 못한 채 스러져간 군인을 최우선으로 추념하는 것이다.

▽ 48명의 유해가 안치된 학도의용군 무명용사 묘역. 어린 병사들이 묻힌 이 묘역은 찾아주는 이가 거의 없어 늘 가슴이 아프다.

그런데 어찌된 일인지 우리나라는 군 지휘관들조차 무명용사 묘역을 찾아주지 않는다. 설마 이런 곳이 있다는 것조차도 모르는 것은 아닌지. 군 지휘관과 국가 지도자들은 국립현충원을 찾을 때 이곳에 헌화하고 위로해야 하는데도 말이다. 나라의 영웅인 이들에게는 유족이 없다. 아니 정확히 말하자면 있는데도 모른다. 매년 새해에 한번만이라도. 그 이유는 우리 군인, 국민이 바로 무명용사들의 살아 있는 유족이기 때문이다.

현충탑 뒤편 위패 봉안관에는 6·25전쟁 당시 전사자 중 10만 4,000여 호국용사의 위패가 안치돼 있다. 물론 큰 의미가 있지만 그들은 이름과 유해라도 남겼기에 굳이 국가나 군의 지도자가 아니더라도 찾아 줄 가족, 친지가 있다. 그런데 바로 옆자리의 학도의용군으로 싸우다 산화한 무명용사들은 찾는 이가 없다. 심지어 현충일에 군인들마저 이곳 무명용사 묘역을 찾아주질 않는다.

무관심이 가장 큰 아픔이라 하는데 무명용사 혼령들이 외로이 먼발치서 지나가는 사람들을 바라다보고 있을 것만 같다. 현충탑에 밀려 바로 옆에 쓸쓸히 자리하고 있는 무명용사 묘역에 한 번쯤은 가서 경건하게 그들의 희생에 감사를 표하고, 경배할 수 있었으면 좋겠다.

더욱 모순으로 느껴지는 것은 1961년 6월 27일 자 동아일보 보도다. 우리나라 정부는 6·25전쟁에 참전한 16개 나라 중 13개국 무명용사들에게 각각 최고 훈장인 금성태극무공훈장을 수여했다. 그들의 전공을 길이 찬양함으로써 우리나라의 장중한 사의를 나타내기 위한 것이라고 기사는 전했다. 정작 우리나라 무명용사는 거들떠보지도 않으면서 외국군 무명용사에게 최고 훈장이 추서되는 과거 우리 정부의 행태에 나는 고개를 갸우뚱하지 않을 수 없다.

그나마 다행인 것은 문재인 대통령께서 지난 대선 후보 출정식 때 무명용사비를 찾아 헌화한 것이다. 문 대통령은 처음이 아니다. 이전 2012년 대통령 후보 시절에도 무명용사 묘역을 찾아 참배했다. 아쉬운 것은 그 뜻이 국민들에게 제대로 알려지지 않았다는 것이다.

무명용사들은 꽃다운 나이에 나라를 위해 싸우다 목숨 바친 진정한 영웅들이다. 국가로부터 최고의 예우를 받을 만한 자격을 충분히 갖춘 분들이다. 이제부터라도 국가 지도자, 군인들이 국립서울현충원을 방문할 때면 무명용사 묘역을 찾아 헌화하는 것을 의무화하길 바라본다.

그리고 늦었지만 이들 무명용사에게 참전 군인에게 주는 최고의 훈장인 태극무공훈장을 추서해 그들의 명예로운 희생을 선양해야 할 것이다. 그리고 외로이 현충탑 옆자리에 영면한 우리의 무명용사들을 후배 의장병들이 지켜주기를 기대해 본다. 그것이 국가가 마땅히 영웅들을 기리는 최소한의 예우일 것이다.

내 귀엔 무덤 속에서 통곡하는 무명용사들의 서글픔이 들린다.

순국하신 이름 없는 영웅들을 호국성인(護國聖人)으로 예우해야 후손들도 그 정신을 이어받을 것이다.

21초의 예우
미국의 무명용사

때론 청춘의 꽃다운 나이에, 때론 고령의 나이에도 굴하지 않고 오로지 구국의 일념으로 나라를 위해 싸우다 목숨 바친 진정한 영웅, 무명용사. 다른 나라들은 이름 없는 영웅들을 어떻게 예우할까? 무명용사들이 가장 명예롭게 고이 잠들어 있는 미국을 들여다본다.

미국은 알링턴 국립묘지의 가장 심장부에 무명용사비와 묘역이 있다. 일명 '무명용사묘(Tomb of the unknown soldier)'다. 이곳은 미국 대통령과 의회에 의해 명예훈장(Medal of Honor), 다시 말해 미국 군인에게 주는 최고 훈장이 추서된 무명용사들의 유해가 있는 곳으로 유명하다.

1921년 제1차 세계대전 중 숨진 무명용사를 추모하기 위해 최초로 만들어졌으며, 1931년에 50여 톤의 대리석을 이용하여 무명용사의 묘석을 만들었다. 이후 제2차세계대전, 6·25전쟁, 베트남 무명용사 유해가 안장되었다. 이곳의 묘비에는 '오직 하느님만이 알고 계신 명예롭고 성스러운 미국의 용사들이 여기에 잠들

△ 알링턴 국립묘지 무명용사 묘역을 365일
24시간 지키고 있는 미 육군 근위병들.

다(HERE RESTS IN HONORED GLORY AN AMERICAN SOLIDER KNOWN BUT TO GOD.).'라는 문구가 적혀 있다. 그리고 한쪽 면에는 평화(Peace), 승리(Victory), 용기(Valor)라는 단어가 새겨져 있다.

흥미로운 것 중 하나는 1784년에 창설되어 미국 육군의 가장 오랜 역사와 전통이 된 정규 보병부대인 미 제3보병연대에서 가장 모범적인 군인들을 선발해 근위병(Old Guard)으로 배치한다는 것이다. 이들은 매일 매서운 눈으로 이곳을 지킨다. 이 부대는 최고 사령관인 대통령의 공식 의장대로도 유명하다. 최고의 실력을 자랑하는 근위병들이 1년 365일 하루도 거르지 않고, 24시간 밤낮으로 비가 오나 눈이 오나 지키는 곳이 무명용사 묘역이다. 악천후 속에서도 1937년 이래 단 한 번도 멈추지 않고 수행되고 있다.

국가에 대한 헌신을 국가 최고의 예로써 대우하고 보답하고 있는 것이다. 나아가 '그래 국가라면 모름지기 위급한 상황에서 자신의 안위를 생각하지 않고 기꺼이 자신의 몸을 던진 군인에게 그에 걸맞은 예우를 해줘야 하지 않겠는가?'라는 화두가 이곳을 방문할 때마다 뇌리를 떠나지 않는다. 특히 알링턴 국립묘지의 무명용사비를 지키는 근위병들의 모습에서, 방문객들은 그 권위와 위엄에 압도된다. 이들은 절도 있는 자세로 필요한 말만 한다.

근위병들의 경비 시 행동을 살펴보면 1. 남쪽으로 21보 걷고 2. 묘석 기준으로 동쪽을 바라보며 21초 멈추고 3. 북쪽을 바라보며 무기를 든 팔을 바꾼 후 21초를 기다린 후 4. 다시 21보 전진 5. 동쪽을 바라보고 21초 멈춰 있고 6. 남쪽을 바라보고 무기를 든 팔을 바꾼 후 21초 기다린다. 7. 교대까지 계속 반복한다.

경비 행동에 21이란 숫자가 많은데, 이는 군대에서 가장 큰 존경을 표시하는 상징이다. 공식 행사에서 최고의 예우를 표하며 발사하는 예포가 21발이며, 군 영결식에서 발사하는 조총도 최대 21발을 발사한다. 미국의 역대 대통령들이 취임식 직전 헌화하고 참배하는 곳도 바로 무명용사 묘역이다. 매년 현충일에 첫 번째로 헌화하고 참배하는 곳도 역시 이곳이다. 미국인뿐만 아니라 외국인들도 방문하여 이들의 희생에 감사를 표시하는 영원한 추모의 장소이기도 하다.

뿐만 아니라 무명용사 묘역은 외국 대통령, 군 대표가 미국을 공식 방문할 때 필수 코스로 가야하는 곳이다. 우리나라 대통령, 국방부장관, 합참의장 등 수뇌부들도 공식 방문 시 이곳에 들러 헌화하고 참배한다. 국가의 부름에 이름 하나도 남기지 못하고 헌신한 무명용사를, 미국에서는 가장 명예로운 군인으로 인정하고 그들을 국가의 진정한 영웅으로 현양하는 것이다. 그리고 후배 군인들은 이들을 끝까지 정성을 다해 지켜주고 있다.

로열 살루트와 21

'로열 살루트'라고 하면 위스키 상표인 'Royal Salute 21'을 먼저 떠올릴 것이다. 이 술은 영국여왕의 대관식에 헌정되면서 '여왕의 술'이란 별칭으로도 불려 왔다. 로열 살루트의 역사는 1951년부터 시작된다. 예로부터 최고의 생산품은 언제나 왕에게 바치는 법. 세계 최고의 위스키 원액 생산 가문인 시바스 브러더스사는 엘리자베스 2세 영국 여왕의 대관식을 위해 특별 제작한 오크통에서 21년 동안 숙성시킨 위스키를 제조했다. 동시에 국왕 주관의 공식 행사에서 21발의 축포를 쏘는 데서 아이디어를 얻어 '왕의 예포'라는 뜻의 '로열 살루트 21'이라는 이름을 붙였다.

▽ 알링턴국립묘지 무명용사 묘역에 세워둔 표지판. 침묵과 존경을 표할 것을 권하고 있다.

대부분의 나라는 국가 공식행사나 국빈으로 방문하는 외국 정상에게 경의를 표하기 위해 환영 행사에서 21발의 예포를 발사한다. 21발의 예포는 통상 왕의 예포라 불리는 '로열 살루트 (Royal Salute)' 라고 하며 'Presidential Salute' 또는 'Salute to the Nation'이라고도 한다. 군에서는 21이라는 숫자에 아주 특별한 의미를 부여한다.

통상적으로 예포는 국가·부대·함정을 공식 방문하는 내외국 국가원수, 고위관리 및 장성 등이 도착하거나, 군함이 외국의 항구에 입항하는 등 각종 의례에서 그 수례 대상에게 경의를 표하기 위해 군대나 군함이 일정 수의 공포탄을 발사하는 예식 절차이다. 우리나라의 예포 발사는 국제적인 관례를 바탕으로 '군예식령 제4장'에서 상세히 규정하고 있다.

본래 예포는 중세시대에 싸움에서 승리한 편에 대한 경의와 무장해제의 표시로 행한 전통 의식이었다. 이러한 전통은 싸움에서 패한 적군으로 하여금 탄환을 모두 소진하게 한 17세기의 영국 해상 관습에서 유래되었다. 영국은 처음에는 함정에 적재한 포의 수가 7문이라는 점에 착안하여 7발의 포를 해군 예포로 쏘게 했다. 당시 화약은 질산나트륨으로 만들어졌기 때문에 해상에서보다는 육상에서 보관하기가 쉬웠고 신속하게 사용할 수 있었다. 따라서 해상에서 1발을 발사할 동안 육상에서는 세 발씩을 발사할 수 있어, 결과적으로 해상에서 7발을 쏠 때 육상에서는 21발을 쏠 수 있었다. 이것이 21발 Royal Salute의 유래가 되었다.

예포를 발사할 때에는 반드시 국기를 게양하여야 한다. 발사간격은 특별한 경우를 제외하고 육군과 공군은 3초, 해군은 5초를 표준으로 한다. 예포의 발사 탄수는 국가마다 다소 차이가 있으나, 대부분의 국가에서는 국가 원수는 21발, 총리·국회의장·대법원장 19발, 장관·대장은 17발, 중장 15발, 소장 13발, 준장 11발 등으로 규정하고 있다. 11발 이하는 없다.

예포와 관련해서 공식적인 국가 규정을 만든 나라는 미국이다. 1841년 전까지 대통령 의전 행사에서 24발의 예포를 쏘았고, 멕시코전쟁이 끝난 뒤 미 육군사관학교(West Point)에서 전승을 축하하며 30발의 예포를 발사하였다. 하지만 예포의 발사 횟수가 지나치게 많아지면서 1841, 1875년 의회 회의를 통해 예포 발사 횟수, 의전 적용 범위, 발사 속도(초당 3초) 등을 정하였다. 이후 세계 각국도 이에 따르기 시작했다.

국가의 명예
세계 무명용사 묘역

대체로 세계 대전이나 큰 전쟁을 치른 나라는 수도의 가장 상징적이고 중요한 장소에 국립묘지가 있다. 그리고 그 국립묘지 중앙에 무명용사 묘역이 있다. 무명용사 묘역은 경건함과 화려함이 공존하는 관광 명소이기도 하다. 하지만 무명용사 묘역은 무엇보다 자국 국민들에게 이들의 희생과 헌신에 감사의 마음을 전하는 경배의 장소로서 의미가 더 크다.

대표적인 무명용사 묘역으로 프랑스의 개선문 옆 광장, 영국의 웨스트민스터, 러시아의 크렘린 궁전 옆 알렉산드롭스키 공원 등을 들 수 있다. 프랑스 파리에서 가장 화려한 샹젤리제 거리에 있는 개선문 광장. 개선문은 폭 45미터, 높이 50미터의 거대한 구조물로, 벽면에는 각종 전쟁의 승리를 기념하는 부조가 조각되어 있다. 1920년 이후 제1차 세계 대전에서 전사한 무명용사의 묘를 중앙 아치 아래에 만들었다. 이곳에는 매일 오후 6시 30분이면 정복 차림의 노병(老兵)과 수많은 시민이 모여든다. 개선문 밑에 안치돼 있는 무명용사를 기리는 '추모의 불꽃(La Flamme du Souvenir)'이라는 이름의 '영원히 꺼지지 않는 불꽃'을 새롭게 점화하기 위해서다.

이 불꽃은 하루 24시간 1년 365일 내내 타오르며 무명용사의 묘를 철통 방어한다. 1차 세계대전을 비롯해 프랑스가 치른 전쟁에서 전사한 호국 영령들의 넋을 기리자는 뜻이 담긴 기념물이다. 평화와 자유의 가치를 영원히 되새기자는 의미도 깃들어 있다. 특히 '추모의 불꽃'은 외국인들이 즐겨 찾는 프랑스 대표 관광 명소로도 유명하다. 검은 대리석으로 단장된 불꽃 주변엔 늘 꽃다발이 장식되어 있다. 엄연한 파리 시장의 임무다. 물론 수많은 시민들이 자발적으로 헌화하며, 고귀한 희생에 감사를 표하고 있다.

'비록 이름은 알지 못하지만 그대들의 숭고한 희생은 영원히 잊히지 않을 것'이라고 쓰여 있는 러시아 알렉산드롭스키 공원 무명용사 묘 앞 제단에도 365일 타오르는 '영원히 꺼지지 않는 불'이 있다. 제2차 세계대전 당시 희생된 무명용사를 기리기 위해 피운 이 불꽃은 비단 무명용사 묘 앞뿐만 아니라 블라디보스토크의 잠수함 C-56박물관, 이르쿠츠시 청사 뒤편 등 러시아 영토 곳곳에서 호국 보훈의 숭고한 정신을 밝히고 있다. 알링턴 국립묘지의 무명용사비를 지키는 미국처럼, 이곳에서도 멋지고 숭고한 근위병 교대식이 거행된다. 무명용사 묘지는 2차 세계대전 당시인 1941년 11월 모스크바 북서쪽 크루코보 마을에서 독일군과 싸우다 전사한 러시아 무명용사들을 기리기 위해 1965년 건립됐다. 모스크바에서는 신혼부부들이 혼인신고를 마치면 이곳에 들러 헌화한다.

런던 웨스트민스터 사원에 있는 '무명용사 무덤' 역시 영국 총리는 물론이고 영국을 방문한 각국 수반들이 화환을 바치는 명소로 유명하다. 영국은 1920년 11월 11일 제1차 세계대전 서부전선 격전지 중 하나였던 벨기에에서 발굴한 영국군 무명용사 유해를 왕실 성당 웨스트민스터 정문 바닥에 안치했다. 이 무명용사의 무덤은 영국의 상징 중 하나일 뿐만 아니라, 무덤 속에 고이 잠든 무명용사는 영국을 대표하는 100인 중 한 명으로 뽑힐 정도로 사회에 끼치는 영향력이 크다. 단순한 전쟁기념관 수준의 차원과는 격이 다르다. 게다가 영국에는 전쟁 기념비와 기념공원이 전역에 퍼져 있다. 국가를 위해 목숨 바친 이들을 잊지 않고 예우하는 제도가 부럽기만 하다.

우리는 당신을 잊지 않았습니다

6·25전쟁 당시 사망한 줄로 알았던 조창호 소위가 43년 만에 가족의 품으로 귀환한 사건이 있었다. 1951년 9월 10일 중부전선에서 사망한 것으로 처리되어, 국립묘지에 위패까지 모셔졌던 조 소위가 64세의 나이에 북한을 탈출해 조국 땅을 밟은 것이다. 조 소위는 연세대학교 1학년 재학 중, 6·25전쟁이 발생하자 자원입대하여 1951년에 소위로 임관했다. 이후 포병연대 관측장교로 임무를 수행하던 중, 그해 5월 인제전투에서 중공군의 포로가 되었다. 북한군에 인계된 조 소위는 북한군의 집요한 회유와 설득에도 굴복하지 않았다. 오히려 제네바 협정에 따른 장교 대우를 요구하면서, 의연한 모습을 잃지 않았다. 적에게 협조하지 않았을 뿐만 아니라, 탈출하려다 잡힌 조 소위는 '월남기도'와 '반동분자' 혐의로 교화소(감옥)로 이송돼, 오랜 수감 생활을 해야만 했다. 하지만 수감 생활 도중 알게 된 중국 상인을 통해서

또다시 탈출을 결심했다. 압록강 기슭에서 목선을 타고 중국으로 향했다. 조 소위는 해상을 표류하다 1994년 10월 23일 새벽 우리 수산청 어업지도선에 의해 극적으로 구출되어 조국에 돌아왔다.

조 소위는 전쟁 중에 실종 처리되었다가 1977년에 전사자로 처리된 상태였다. 그는 6·25전쟁 당시에 포로로 잡힌 많은 국군 포로가 여전히 북한에 생존하고 있음을 증언했다. 이는 북한에 생존해 있을 많은 국군 포로와 강제 납북자에 대한 사회적인 관심을 환기시키는 계기가 되었다. 특히 포로들이 처한 참혹한 인권 환경을 폭로해 세상의 관심을 모았다.

말년에 그는 미국 하원 국제관계위원회 청문회에 증인으로 출석해 북한에 남아 있는 국군 포로와 납북자들의 생활상을 증언

▽ **전쟁포로와 실종자들을 기다린다는 의미를 담은 깃발이다. "당신은 잊혀 지지 않습니다."라는 글이 새겨져 있다.**

하며 이 문제의 실질적 해결을 위해 목소리를 높였다. 2006년에 지병 악화로 사망할 때까지, 그는 국군 포로들의 귀환을 위한 활동을 멈추지 않았다. 하지만 그의 노력에도 불구하고 특별히 진전된 것은 없었다. 정부나 국민들의 관심은 의외로 차분했다.

6·25전쟁 참전 후 돌아오지 못한 자들에 대하여 국가는 무한 책임을 져야 한다. 이러한 믿음이 있을 때 군인은 국가에 충성할 수 있고, 그 믿음 하나로 용감하게 적진을 향해 나아갈 수 있다. 미국은 지금도 세계 여러 곳에 군인을 파병하고, 생사가 오가는 험한 전투도 여러 지역에서 벌어지고 있다. 미국 군인들이 명령에 따라 적진으로 갈 수 있는 것은 내 뒤에는 국가가 있으며, 국가는 끝까지 나와 내 가족을 위해 최선을 다할 것이라는 분명하고 굳건한 믿음이 있기 때문이다.

그 믿음을 확고히 보여주는 것이 바로 미국의 '전쟁포로/실종자 기'(Prisoners Of War/Missing In Action Flag :POW/MIA Flag)다. 이 기의 모습을 보면 검은 바탕에 가운데 하얀색 원이 있고, 그 안에 검은 색으로 포로수용소를 상징하는 감시탑과 가시철망, 그리고 사람의 옆모습을 넣었다. 얼굴 아래쪽으로 '당신은 잊혀 지지 않았습니다(You Are Not Forgotten).'라는 글이 새겨져 있다. POW/MIA 기는 1971년 베트남전쟁이 진행 중일 때 '남동아시아 전쟁포로 및 실종자 가족 국가연맹'이 만들었다.

1988년 '전쟁포로/실종자의 날'에 미 의회 건물 안 중앙홀에 계양되었고, 1989년 3월 9일에는 백악관에도 게양되었다. 이후 1998년 제정된 법에 의하여 백악관, 국방부가 지정한 군부대 주요 시설의 로비와 실외, 모든 연방 국립묘지, 한국전 기념공원, 베트남전 기념공원, 우체국과 국무부, 보훈부 건물, 기타 국가가 지정한 공공건물에 의무적으로 게양하게 되었다.

민간인들도 어느 곳에서든 언제라도 자유롭게 게양할 수 있다. 그리고 매년 국군의 날, 현충일, 국기의 날, 독립기념일, 전쟁포로/실종자 상기의 날, 재향군인의 날에는 모든 기관이 의무적으로 이 기를 국기 아래에 게양하도록 되어 있다. 특이한 것은 모든 영내 식당의 빈 테이블에 이 기를 놓는다는 것이다. 그들이 돌아오기를 바라는 하나의 상징이다.

미국 군대의 현충일 등 각종 공식 행사 때에는 행사장 앞에 이 깃발과 돌아오지 못한 전우들을 위한 식탁이 차려진다. 테이블 위에는 성조기와 빈 접시, 물잔, 레몬 한 개와 장미꽃 한 송이가 올라간다. 돌아오지 못한 자들이 하루속히 돌아와 주기를 바라는 간절한 소망이 담겨 있는 식탁인 것이다. 미국은 국가의 명령을 받고 임무를 수행하는 단 한 명의 군인도 끝까지 책임진다. 하지만 우리는 지금까지 6·25전쟁과 베트남 파병 등에서 발생된 실종자들과 전쟁 포로를 위해 무슨 노력을 해 왔는지, 최선을 다해 왔는지 돌아보게 된다.

남과 북이 총을 들고 싸운 6·25전쟁으로 국군 13만 7000여 명

▷ 돌아오지 못한 군인을 위한 식탁이다. 군 주요행사장 및 군부대 식당에는 이들을 기다리는 간절한 소망을 담아 식탁을 차린다.

과 유엔군 4만여 명이 목숨을 잃었다. 실종됐거나 포로가 된 국군만 3만 명에 이른다. 국립현충원에는 10만 3000여의 위(位)가 유해 없이 위패만 있다. 전사자 유해 발굴이 시작된 건 2000년부터다. 근 20년이 다 되어 가지만, 그간 5400여 구를 수습하는 데 그치고 있다. 군인의 사기는 국가에 대한 강한 신뢰가 저변에 깔려야 고양되는 것이다. 우리가 절대로 잊어서는 안 되는 사람들, 목숨을 걸고 임무를 수행하는 군인들에게 국가는 끝까지 그들을 챙긴다는 강한 믿음을 심어 주어야 한다. 그것이 강한 군대를 만드는 첫걸음이자 원칙이다. "평화는 갈구하는 마음에서 오는 것이 아니라 평화를 지킬 수 있는 힘에서 나온다."라는 말처럼, 나라를 위한 희생이 단순히 잊혀 가는 과거가 되어선 안 될 터다.

광화문에 꺼지지 않는 불꽃을!

캐나다는 수도 오타와 정부청사 앞에 꺼지지 않는 불꽃이 타오른다. 제1차 세계대전에 참전해 전사한 10만 명의 희생자들을 추모하는 불꽃이다. 제1, 2차 세계대전에서 영연방인 호주와 뉴질랜드는 가장 험난한 전투에 투입됐다. 당연히 전사자가 많았다. 연합군은 이들 호주 뉴질랜드 군단을 안작(ANZAC Australian & New Zealand Army Corps)이라 불렀다. 호주 브리즈번, 뉴질랜드 웰링턴의 안작 추모공원에도 어김없이 꺼지지 않는 불꽃이 타오른다. 호국 영령들을 위한 꺼지지 않는 불꽃(Eternal Flame)이다.

어느 것 하나 고귀하지 않은 희생은 없다. 하지만 그중에서도 국가와 사회를 위한 헌신과 희생은 우리 가슴속에 영원히 간직해야 한다. 개인의 안위보다 국가와 민족이라는 대의를 위해 헌신한 분들이기에 존경받아 마땅하고 참전 용사들의 명예는 지켜져야 한다.

그런 의미에서 우리나라도 '꺼지지 않는 불꽃' 기념물을 만들면 좋겠다는 생각이 든다. 실제 충무공 동상이 있는 서울 광화문광장에 '꺼지지 않는 호국 보훈의 불꽃'을 설치하자는 제안이 몇 차례 제기된 것으로 알고 있다. 하지만 여론 합의가 안 됐다는 이유로 번번이 무산됐다고 한다. 나라를 위해 꽃같은 젊음과 목숨을 바친 영령들의 희생을 생각하는 꺼지지 않는 불은 값진 희생에 대해 살아남은 자들이 반드시 해야 할 의무라고 나는 생각한다. 늘 기억하고 경의를 표하는 것이야말로 국가와 국민의 품격이 아닐까 싶다.

하루빨리 광화문에 꺼지지 않는 호국의 불꽃 기념물이 생기길 기대해 본다. 비가 오나 눈이 오나 꺼지지 않는 호국의 불꽃 옆에 시민들의 꽃다발이 수북이 쌓이는 모습을 그려 본다. 그렇게 되면 자연히 외국 지도자들도 한국을 방문할 때 반드시 이곳을 찾아 추모할 것이다. 튼튼한 국가 안보문화는 이렇게 만들어지는 것이다.

무공훈장

현장 전투 군인 vs 후방 지휘자

군인에게 주어지는 최고의 영예 중 하나가 훈장을 받는 것이다. 특히 무공훈장은 전시(戰時) 또는 이에 준하는 비상사태 아래에서 전투에 참가하여 뚜렷한 무공을 세운 자에게 수여하는 훈장으로 최고의 가치를 인정받는다. 우리나라 무공훈장은 태극무공훈장(太極武功勳章), 을지무공훈장(乙支武功勳章), 충무무공훈장(忠武武功勳章), 화랑무공훈장(花郎武功勳章), 인헌무공훈장(仁憲武功勳章) 5등급으로 구분된다. 우리나라 군인에게 수여되는 최고 무공훈장은 태극무공훈장(太極武功勳章)이다. 외국인을 제외하고 한국군이 받은 태극무공훈장은 현재까지 80여 명에 불과하다. 제2연평해전에서 전투를 지휘하다 전사한 참수리 357호 정장 고(故) 윤영하 소령에게 추서된 무공훈장은 서열 3번째인 충무무공훈장이었다. 이 전투에서 전사한 6명에게는 충무무공훈장 2개, 서열 4등급인 화랑무공훈장 4개만이 각각 추서되었다.

훈장을 주는 기준이 무얼까? 물론 공적 심사를 통해 수여하는 게 기본 원칙이지만, 기준이 불분명할 때가 적지 않다. 예컨대, 2010년 천안함 폭침 때 고 한주호 준위는 우연치 않게 두 개의 훈장을 받았다. 보국훈장과 무공훈장이었다. 한 준위가 임무 수행 중 사망한 뒤 국방부는 보국훈장 광복장을 추서했다. 그런데 이 훈장은 2년 뒤 한 준위가 이상 없이 정년퇴임을 하면 당연히 받게 되어 있는 훈장이었다. 이 사실이 알려지면서 여론이 들끓었다.

동료를 구하기 위해 위험을 무릅쓰고 임무를 수행하다 순직한 군인에게 시간이 지나면 어차피 받는 것을 조금 당겨서 받은 것이 무슨 의미가 있느냐는 것이었다. 결국 여론에 떠밀려 영결식장에서 정부 대표로 국무총리가 충무무공훈장을 추가로 수여했다. 이런 일련의 과정에서 한 준위는 매우 드물게 두 개의 훈장을 받

◁ 보국훈장. 받는 사람의 직위에 따라 훈장의 등급이 정해진다.

통일장(統一章, Tong-Il)

국선장(國仙章, Gugseon)

천수장(天授章, Cheonsu)

삼일장(三一章, Samil)

광복장(光復章, Gwangbog)

◁ 무공훈장. 공적의 등급에 따라 받는 훈장이다.

태극(太極, Taegeug)

을지(乙支, Eulji)

충무(忠武, Chungmu)

화랑(花郞, Hwarang)

인헌(仁憲, Inheon)

게 되었다. 하지만 여기에는 몇 가지 문제가 있다.

우선은 동일한 사안으로 두 가지 훈장을 수여할 수 없다는 것이다. 특히 무공훈장은 전투에 참여하여 뚜렷한 공을 세운 자에게만 수여한다. 한 준위가 군인으로서 귀감이 되는 희생적인 일을 한 것은 인정되지만, 적과의 전투에서 싸운 것은 아니기 때문이다. 결론적으로 법과 규정을 제대로 적용하지 못한 채, 국민들 눈치에 부합한 것이 되었다.

천안함 용사들은 서해 북방한계선(NLL)을 지키다가 적의 공격에 의해 전사했다. 이들에게 무공훈장 수여는 당연하다. 그런데 당시에 또 다른 논란이 불거졌다. 한 준위는 충무무공훈장을 받았지만, 천안함 용사들은 한 등급 낮은 화랑무공훈장을 받은 것이다. 당연히 논란이 생길 수 있었으나 천안함 유가족들이 이해하고 양보하면서 마무리되었다. 그래도 여전히 아쉬움이 남는 사례다. 이처럼 훈장 수여를 두고 매번 논란이 반복되고 있다.

내가 보는 이 문제의 핵심은 '훈장의 격?',' 공적의 격?', '받는 사람의 격?' 등과 관련됐다는 것이다. 과연 훈장 등급의 기준은 무엇인가.

면밀히 따져보자. 우리나라 보국훈장의 경우 1등급 통일장은 대장, 2등급 국선장은 중장, 3등급 천수장은 소장과 준장, 군무원 1급과 4등급, 삼일장은 영관장교와 군무원 2~4급, 광복장은 33년 이상 근무한 군인과 군무원에게 수여된다. 결국 보국훈장의 경우 수여의 기준은 받는 자의 등급이지 공적의 등급은 아닌 것이다. 무공훈장의 경우도 최고인 태극무공훈장 역대 수훈자 대부분이 최고위급 지휘관 내지 장군들이다. 위관급 이하는 단 12명이고, 이 중 사병은 달랑 2명이다.

장군들은 현장에서 목숨을 걸고 싸운 것이 아니라 대부분 비전투로 받은 것이다. 비록 전투와 관련 있는 훈장이라 할지라도 현장 전투에서 용맹하게 싸워 공적을 세운 군인이 아니라, 전투지역 후방에서 지휘봉을 들고 명령 내린 장군들이 대부분 무공훈장의 수혜를 얻었다. 수훈자들의 면면 역시, 6·25전쟁 당시 군 참모총장을 비롯한 주요 지휘관들이 다 포함되어 있다. 심지어 전직 대통령(나중에 반납)까지 있었다. 정작 생명의 위험 속에서 희생적으로 동료를 구하고 나라를 위해 싸운 군인은 몇 되지 않는다.

그럼 해외 사례는 어떤가? 미국에도 훈장, 무공훈장 제도가 당연히 있다. 군인에게 수여되는 최고의 훈장은 명예훈장(Medal of Honor)이다. 미국 명예훈장은 '국가의 명령에 따라 위험을 무릅쓰고 전투에 참전하여 용맹스럽게 적과 교전하여 큰 공을 세운 자'에게 수여되는 것이라고 못 박고 있다. 명예훈장은 말하자면 우리나라의 태극무공훈장과 같다. 이 훈장은 1861년 12월 에이브러햄 링컨 대통령에 의해 법률로 제정되어 남북전쟁, 멕시코 전쟁, 제1, 2차 세계대전, 6·25전쟁, 베트남전, 이라크전, 아프가니스탄전 등 수많은 전쟁에서 희생하고 전공을 세운 군인에게 수여되었고,

현재까지 3,496명(여성 1명, 남북전쟁 군의관)이 수상했다.

그런데 미국 군 최고 무공훈장인 명예훈장을 받은 사람 면면을 살펴보면 장군 비율이 채 1%도 안 된다. 대부분이 부사관, 병 등 낮은 계급의 군인들이 훈장을 가슴에 달거나 죽어서 달았다. 장교들 또한 소수의 영관급이며 위관급은 이보다 많을 뿐이다. 그 유명한 아이젠하워, 퍼싱, 패튼, 브래들리, 니미츠 등 위대한 지휘관과 장군들은 명예훈장 수훈자 명단에 없다.

6·25전쟁에서도 미 육군 93명, 해군 7명, 해병대 42명, 공군 4명이 명예훈장을 받았지만, 이 중 장군은 대전 전투에서 포로가 된 제24 보병사단장 윌리엄 F. 딘(William F. Dean) 육군소장이 유일했다. 우리가 잘 알고 있는 밴플리트 장군, 워커 장군 등 유명한 지휘관들 역시 명단에 없다.

이후 베트남전을 비롯한 걸프전, 이라크전, 아프가니스탄전 등 미군이 참전한 여러 전장에서 수백 명의 명예훈장 수훈자가 배출되었지만, 장군 명예훈장 수상자는 단 한 명도 없다. 명예훈장 아래로 몇 가지 훈장이 있다. 그러나 미국은 훈장의 등급이 받는 사람의 계급에 따라 구분되지 않는다. 오로지 공적에 따른 냉정한 평가를 통해 수여된다.

이제 우리나라도 훈장 제도를 다시 검토해야 할 필요가 있다고 본다. 자신의 목숨을 걸고 현장에서 적과 싸운 장병이 뒤에서 지휘한 지휘관의 공적보다 크게 인정받아야 한다는 것이다. 물론 계급별로 등급이 구분된 보국훈장의 등급도 공적에 따른 등급으로 변경되어야 마땅하지 않을까.

잘못된 영웅 만들기

2017년 9월 7일자 조선일보는 2011년 8월 27일 경기 김포시 한강 하구에서 잡초·수목 제거 작업을 하던 육군 17사단의 101연대 분대장 임모 병장이 급류에 휘말려 익사한 사건과 관련된 내용을 보도했다. 육군은 "후임병을 구하다 순직했다."는 현지 부대 보고에 따라 임 병장을 하사로 1계급 진급 추서 후 국립대전현충원에 안장했다. 하지만 2012년 "목격자 진술이 일치하지 않는다."라며 재조사가 이루어졌고 "영웅담은 조작이고 실족사였다고 밝혀졌다"는 것이 기사의 요지였다.

조선일보는 지난 2016년 6월 17일자 최보식 칼럼 코너에 '北 탱크를 부순 '호국 영웅'의 불편한 진실'이란 제목으로 심일 소령은 '전쟁 영웅'이 아니라 '비겁한 도망자'라고 그간 알려진 사실을 뒤집는 글을 실었다. 칼럼은 춘천 전투 당시 7연대 1대대 1중대장이었던 이대용(李大鎔) 전 주월공사(육사 7기)의 증언 취재를 바탕으로 썼다. 이 전 공사는 "춘천 전투에서 심일 소대장은 육탄돌격이 아니라 도망을 갔고 대전차포 1문을 적에게 넘겨줘 문제가 되자 중대장은 격노해 총살감이라고 상부에 보고했다."라고 밝혔다.

2017년 7월 30일자 경향신문에는 박경석 한국군사학회 명예회장이자 군사평론가협회 명예회장의 '만들어진 호국영웅 진실은 숨길 수 없다.'라는 제목의 기고문이 실렸다. 기고문에 따르면, 광복 전 일제하 초등학교 교과서에 '육탄3용사'의 영웅담이 실렸는데, 이들은 맨몸으로 적의 전차를 파괴하고 장렬히 목숨을 던졌다는 내용이다. 당시 청소년들은 이 글을 읽고 감동한 나머지 혈서까지 쓰며 천황(天皇)에게 충성을 다짐했지만 일본의 패전 후 그 글 내용이 조작된 것으로 확인됐다는 내용이었다.

더 큰 문제는 우리 육군에서도 조작되거나 과장된 내용의 육탄10용사니, 육탄 5용사니 하면서 일본군의 육탄3용사와 비슷한 영웅담이 만들어졌다는 것이 박경석 명예회장의 주장이었다. 특히 박 회장은 그런 가짜 소동은 주로 일본군 출신 지휘관들에 의해 만들어졌고 부하의 죽음을 자신의 공적으로 미화하기 위한 얄팍한 속셈이 깔려 있었다고 강조했다. 이 기고문은 또 육군에서 한 사람을 억지로 6·25전쟁의 호국 영웅으로 만들었다는 내용도 나온다. 육군본부는 심일상을 제정하기 위해 반드시 필요한 정책회의조차 열지 않고 밀실에서 작업을 했다는 사실이 최근 밝혀졌다고 전했다.

이대용 전 주월공사가 지난해 6월, 심일 소령의 공적이 허위라고 조선일보를 통해 밝힌 이후 국방부는 심일 소령 공적확인위원회'를 열어 2016년 9월부터 2017년 4월까지 약 7개월간 심일 소령의 공적 의혹과 관련한 검증을 벌였다. 그 결과 심 소령의 공적은 역사적 사실이라고 밝혔다. 하지만 육군본부 군사연구소에서는 심 소령의 전과는 사실이 아니라고 반박했다는 언론 보도가 있었다. 여전히 끝나지 않은 사안인 듯하다.

그렇다면 왜 우리 군대에서 이런 일이 벌어질까? 군대에서 타의 모범이 되고 자신을 희생해 가며 임무를 수행한 명예로운 군인을 발굴하여 귀감으로 삼는 것은 중요한 일이다. 부대의 결속과 강한 정신력을 배양하는 데에도 더없이 좋다. 그러나 그 사실이 왜곡되거나 과장된다면 오히려 더 큰 문제가 발생한다. 군대에 대한 신뢰가 완전히 추락하고 정말로 믿을 수 없는 집단이라는 오명을 뒤집어 쓰게 된다.

만약 일부 지휘관들이 과실에 따른 처벌이 두려워 잘못된 사실을 은폐하고 거짓으로 포장한다면, 이는 군대의 기강과 전투력을 무너뜨리는 최악의 행위이다. 군대 밖의 일반 시민은 기망할 수 있을지 몰라도, 현장에 있던 다른 장병들은 속일 수 없다. 그리고 그 장병들은 잘못된 명령을 지시하는 지휘관을 믿을 수 없게 된다. 내부 기강의 붕괴를 가져오는 심각한 일이다. 또 시간이 지나 진실이 밝혀지면 그 부대뿐만 아니라 군 전체가 국민들로부터 외면당하고 심지어는 조롱거리가 될 수 있다. 한마디로 명예롭지 못한 일부 지휘관으로 인해 우리 군대가 병들어 가는 것이다.

국민은 정직한 군대를 원하고 있다. 물론 각 군마다 관련된 위원회가 구성이 되고 보고된 내용에 대하여 심사하는 시스템이 갖추어져 있다. 그럼에도 불구하고 최근까지 이런 불미스러운 일이 생기는 것은 제도적인 문제도 있지만, 근본적으로 우리 군대문화에 문제가 있는 것이다. 진정한 군대문화의 시작은 바로 정직에서 비롯된다는 점을 다시 한번 강조하고 싶다.

이인호 소령을 아십니까

국립서울현충원 51묘역 4판 21호 2행 21열 묘에 잠들어 있는 해군의 영원한 표상, 이인호 소령. 나는 그를 생각하고 말할 때마다 가슴이 뭉클하고 절로 고개가 숙어진다. 군인의 표상과도 같은 살신성인의 희생정신을 보여준 위대한 군인이기 때문이다. 해군사관학교 재학 시 그의 동상을 보면서 이인호 소령 같은 군인이 되고 싶었다. 많이 알려졌지만, 그의 삶을 다시 한번 되돌아본다. 특히 베트남전을 이야기할 때 고 이인호 소령을 빼놓고 말할 수 없다.

제2 해병여단 소속의 이 소령은 1966년 7월 25일부터 8월 11일까지 베트남 푸옌성 뚜이호아 평야에서 수행한 해풍작전 당시 제3대대 정보장교였다. 작전 마지막 날이던 8월 11일, 뚜이호아의 한 대나무 숲 동굴은 스산한 기운이 감돌았다. 전날 체포한 베트콩 첩자 7명을 신문해서 그들이 이 대나무 숲 지하 동굴을 구축해 은거지로 사용한다는 비밀을 알아냈다. 획득한 첩보를 대대장에게 보고한 이 대위는 동굴 탐색을 자신이 직접 지휘하겠다고 건의했다. 그는 베트콩 첩자 2명과 함께 헬기로 작전 현장에 도착했다. 제9 중대 엄호 아래 대나무 숲에서 이 대위는 직경 70cm 정도의 동굴 입구를 발견했다. 첩자의 말이 사실이었다.

"즉시 밖으로 나와 투항하지 않으면 몰살시켜 버리겠다."

월남군 통역원을 시켜 투항을 권했지만, 아무런 반응이 없었다. 한동안 기다려도 반응이 없자, 9중대 3소대 3분대장 김찬옥 하사 등 수색조 5명을 동굴 안으로 투입시켰다. 수색조는 잠시 후 수류탄 3발과 구급낭, 탄띠, 약간의 실탄을 수거해 왔다. 이 대위는 더 많은 무기와 인원이 있을 것이란 판단 아래, 직접 수색조를 지휘하며 동굴 안으로 들어갔다. 돌아설 수도 없을 만큼 비좁은 동굴은 얼마 안 가 'ㄱ'자로 완전히 꺾여 있었다. 동굴 모형을 확인하면서 수색을 이어가는 중 갑자기 안쪽에서 무언가가 날아와서 떨어지는 소리가 들렸다. 소리가 난 쪽으로 랜턴을 비춰보니 수류탄이었다.

"엎드려!"

이 대위는 다급하게 외쳤다. 그리고 재빨리 수류탄을 집어 들고 베트콩 쪽으로 힘껏 던졌다. 하지만 또 다른 수류탄 한 발이 날

△ 해군사관학교 입구에서 만나 게 되는 이인호 소령 동상. 그 는 모든 군인의 표상이다.

아왔다. 부대원들 바로 옆에 떨어졌다. 이 대위는 순간적으로 늦었다고 판단했다. 주워서 되던질 시간이 없었다.

"빨리 대피하라!"

큰 소리로 외치고 동시에 온몸으로 수류탄을 덮었다.

'펑!'

그의 나이 34세였다. 수색조 5명의 부대원들은 무사히 살아 돌아왔고, 이 대위는 그 자리서 장렬히 산화했다. 추후 이뤄진 동굴 수색 결과는 너무도 참혹해 차마 말로 옮기기 어려울 정도였다고 한다. 처음 이 대위가 되받아 던진 수류탄에 의해 베트콩 5명이 죽어 있었다.

그의 투철한 임무 수행과 위기 상황에서 발휘한 희생정신은 군의 본보기가 됐다. 그가 보인 살신성인의 정신과 전우애는 국군의 귀감이 되어 정부에서는 이인호소령에게 태극무공훈장과 함께 1계급 특진을 추서했다. 또한 고 이 소령은 전사 후 부인이 대신 받았지만, 당시 존슨 미 대통령으로부터 직접 은성무공훈장도 받았다.

특히 해군에서는 언제나 말한다. '월남전을 말할 때 고 이인호 소령을 먼저 말하지 않는 것은 해병정신에 대한 결례다.'라고...

이 소령은 경북 청도군에서 출생, 대구 대륜고등학교를 거쳐 해사 제11기로 임관했다. 제1 해병사단 수색중대장을 맡은 후 파월됐던 이 소령은 슬하에 1남 1녀를 남긴 채 단 하나뿐인 목숨을 바쳐 뒤따르던 부하들을 구했다. 위기 상황에서 자신을 희생하는 결단을 내리는 것은 평소 그런 가치관을 가지고 각오를 다지며 살지 않으면 불가능한 일이다. 이인호 소령 역시 사랑하는 가족이 있었지만, 끝내 군인으로서 명예와 존엄을 선택했다. 나라와 민족을 위하여 죽음을 무릅쓰고 책임을 완수하는 군인정신을 보여줬다.

태극무공훈장이 부끄럽지 않은 살신성인의 정신을 온몸으로 보여준 이인호 소령. 그는 군인들의 영원한 표상이 되었다. 그래서 해군사관학교는 매년 그의 동상 앞에서 사관생도들이 참가하는 '인호제'를 거행한다. 그는 갔지만 그가 남긴 숭고한 얼은 후배 군인들에 의해 계승되고 있다. 모교인 대륜고등학교 총동창회는 대구시 수성구 만촌동 모교 교정에 수류탄을 안고 장렬히 산화한 이 소령의 정신을 기리고자 기념비와 흉상을 세웠다. 해군과 해병대에서는 매년 고속정 정장 1명, 전투부대 중대장 2명에게 인호상을 수여한다. 나는 서해 NLL을 지키던 고속정 정장 시절 이 상을 받게 되었다. 그래서 고 이인호 소령은 특별한 인물로 내 마음에 자리 잡고 있다.

얼마나 조국을 사랑했기에

청춘도 정든 임도 모두 버리고

아~ 아!
스스로 장렬한 죽엄을 하였던가?

그대 몸은 부서져 가루가 되고
피는 흘러 이슬이 되었거니

그대 흘린 피!
이 땅 적시어 생명 되어 흐르리

아~ 아!
용사여 영웅이여 고이 잠드소서

교육자, 정치가, 시인이었던 한솔 이효상 선생은 이 소령의 애국 충정을 기리며 〈해병 소령 이인호를 추모하며〉라는 시를 남겼다. 1966년 여름. 대한민국은 베트남전쟁에 참전했던 '이인호' 이름 석 자에 뜨거운 눈물을 흘렸고, 그 숭고함은 오늘날에도 계승되고 있다.

제 7 부

군 통수권자

7

국군 총사령관, 군 통수권자의 의미

대통령제 국가에서는 대통령이 군 통수권자가 된다. 국민이 선출한 대통령의 가장 중요한 임무가 국가를 보위하는 것이기 때문이다. 여기서 보위란 보호하고 방위한다는 뜻이다. 누구나 알 듯, 국가를 구성하는 세 가지 요소는 영토·국민·주권이다. 대통령은 영토를 보호하고 국민을 지켜야 하고 주권을 유지해야 하는 책임이 있다. 이런 책무를 완수하려면 강력한 힘을 행사해야 하는데, 그것이 바로 군사력이다. 강한 군인과 강력한 무기로 무장된 군사력이 있어야 영토 보존과 국민 안전을 지킬 수 있다. 그래서 대통령은 군 통수권자라고 헌법에 명시하고 있다.

"나는 헌법을 준수하고 국가를 보위하며 조국의 평화적 통일과 국민의 자유와 복리의 증진 및 민족문화의 창달에 노력하여 대통령으로서의 직책을 성실히 수행할 것을 국민 앞에 엄숙히 선서합니다."

우리나라 헌법 제69조에 의거, 대통령은 취임할 때 위와 같은 선서를 한다. 헌법 제74조 1항에는 '대통령은 헌법과 법률이 정하는 바에 의하여 국군을 통수한다.'라고 되어 있다. 이 말은 곧 국군의 최고 지휘자로서 통수권을 갖는 것은 군령권과 군정권의 행사를 의미한다. 그래서 우리는 대통령을 군 통수권자 또는 국군 최고사령관이라고 부르는 것이다.

대통령중심제 국가의 대표적인 나라인 미국은 좀 더 강력한 표현을 쓴다. 미국 헌법 제2장에 따르면 미국 육군, 미국 해군, 미국 공군, 미국 해병대의 총사령관직을 통해서 군을 통솔하며, 미합중국 국군에 대한 통수권이 미국 대통령의 핵심 제1권한이라고 규정하며, 미국 대통령은 '미군의 통수권자이자 총사령관(Commander in chief)'이라 정의하고 있다.

미국 대통령 취임 행사는 국립묘지(Arlington National Cemetery)로부터 시작된다. 취임식 직전에 국립묘지를 방문하여 무명용사탑에 헌화한 후, 취임식 행사장으로 이동한다. 취임식은 군 대표 장성(육군소장, 워싱턴관구사령관)의 안내를 받아 군 의장대 사열을 받는다. 대통령 임기가 끝날 때는 이임식은 없지만 군 총사령관으로서의 고별행사는 별도로 한다. 행사나 의전은 우리와 사뭇 다르나 대통령의 권위는 절대적이다. 국가를 보위하고 국민의 생명과 안전을 보호하는 대통령의 책무는 바로 강력한 군대를 통한 힘을 가졌을 때만이 수행할 수 있는 일이다. 강력한 군사력의 사용을 국민이 선출한 대통령에게 위임한 이유를 알만하다.

미국 대통령의 장례식

2004년 6월 워싱턴에서 근무할 당시 로널드 레이건 전 미국 대통령이 사망했다. 나는 국가장례식이 진행되는 것을 현장에서 볼 수 있었다. 역대 어느 대통령보다도 국민적 존경을 받았던 대통령이라 장례행사의 격이 상당히 높은 수준으로 진행됐다.

대통령 장례행사를 보면서 군대문화에 대하여 많은 생각을 하게 되었다. 전직대통령은 사망 시 전직 군 총사령관이었기에 군에서 장례의식 행사를 주도하는데, 정부 차원에서 구성되는 국가장례위원회와 긴밀히 협조하여 이루어진다.

레이건 대통령의 사망 소식이 전해지자 행사 책임 부대인 워싱턴관구사령부에 장례행사 본부가 설치되고 군 장례행사 책임자는 워싱턴관구사령관(육군소장)이 맡는다. 레이건 대통령이 있는 캘리포니아 집으로 대통령 전용기인 에어포스 원(Air Force One)이 워싱턴관구사령관을 태우고 이동을 한다. 그의 에스코트를 받아, 레이건 대통령의 시신과 부인 낸시 여사는 대통령 재직 시 탔던 에어포스 원을 이용하여 국가영결식장인 워싱턴으로 이동한다. 워싱턴의 앤드루스공군기지에 비행기가 도착하면 합참의장, 합참부의장, 육해공군 참모총장, 해병대사령관, 해안경비대 사령관이 정복을 차려입고 전 총사령관을 맞이한다.

레이건 대통령의 시신은 리무진차량을 이용해 백악관 앞 광장으로 이동해서 대기 중인 8마리의 말이 끄는 마차로 옮겨진다. 이때 관을 덮고 있는 성조기는 레이건 대통령 취임식 당시 취임식장에 게양되었던 국기다. 미국은 대통령 취임식에 게양했던 국기를 보관해 두었다가 장례행사 때에 사용한다. 말 8마리가 끄는 마차로 운구를 하는데 그 대열 앞에 안장은 있으나 아무도 타고 있지 않은 말 한 마리가 행진을 한다. 이상한 것은 말 안장 좌우에 사람이 신어야 할 부츠(말 장화)가 매달려 있는데 발끝이 뒤로 향하고 있다. 서양 전통에 따르면 전쟁 중 사령관이 사망하면 평소에 타던 말을 함께 무덤에 묻었다고 한다. 저승 가는 길에도 말 타고 함께 가란 뜻으로 해석된다. 오늘날에는 말을 죽이지 않고 상징적 의미로 흉내만 낸다. 단지 이제는 다시 돌아오지 못하는 길을 가는 것이라서 말 안장 옆의 부츠를 뒤로 돌려놓는 것이다.

백악관 앞 광장에서 마차로 옮겨진 시신은 국회의사당까지 행진을 하는데 도로에 늘어선 수많은 국민이 존경하던 국가 지도자에 대한 애도와 애정을 표한다. 국회의사당 중앙홀에 관이 안치되면 3일간 국민 조문이 이어지는데 워싱턴 시내 교통이 마비될 정도다. 이때도 군에서 경호 임무 등을 맡는다.

국민조문 행사가 끝나면 리무진 차량을 이용하여 공식 영결식장인 국가대성당(National Cathedral)으로 이동한다. 영결식이 끝나면 다시 대통령 전용기인 에어포스 원을 타고 안장지인 고향 캘리포니아로 이동하여 안장식을 한다. 행사 마지막 관이 땅에 묻히기 전, 성조기를 걷게 되는데 의장대 장병이 삼각형으로 접은 성조기를 해군대령의 손에 넘기고, 그는 미망인 낸시 여사에게 최종적으로 전달한다. 이 해군대령은 로널드 레이건 핵추진 항공모함의 함장이었다. 레이건 대통령이 생전에 그렇게 한번 타보고 싶어 했던 항공모함이었다. 당시에 막 건조가 되어 동부 대서양의 노퍽 기지 인근에서 시험 평가를 마치고 서부 태평양의 샌디에고 기지로 이동 중이었는데, 레이건 대통령 사망 소식에 함장이 비행기로 날아와 마지막 행사인 성조기 전달 임무를 맡게 된 것이다.

이 행사를 지켜보면서 군 통수권자인 대통령이 국군 총사령관으로서 가지는 의미가 매우 숭고하고 높은 가치를 가진다는 것을 깊이 새겼다. 또 총사령관으로서 국가와 국민을 안전하게 보호해 준 대통령에 대한 국민들의 한없는 감사와 애정을 마음 깊이 느낄 수 있었다.

서열 1위 합참의장

전역식

미국 군인 중 최고의 서열자는 합참의장이다. 다시 말해서 군복 입은 자 중에서 가장 높은 사람이다. 1986년 제정된 골드워터 니콜슨 법(Goldwater-Nichols DOD Reorganization Act)에 따라 합참의장은 군의 최고 선임자의 역할을 수행한다. 소위 문민통제의 원칙에 따라 각 군과 전투사령부에 대한 직접적인 모든 명령권은 장관을 통해 수행되며 합참의장은 그 역할이 한정되어 있긴 하다.

그러나 미국에서 합참의장은 매우 상징적인 인물이다. 군복 입은 모든 군인의 대표자로서 존중받는 사람이다. 비록 공식적인 서열은 장관 보다 낮지만 일반적인 예우에서는 결코 뒤지지 않는다. 어느 공식 행사에서도 특별대우를 받는다. 대표적인 예로서 합참의장 이·취임식이 눈에 띤다.

군 통수권자인 대통령은 최고 지휘관으로서 합참의장 전역식에는 항상 참석한다. 군복 입은 최고의 서열자가 군을 떠나는 자리에 군 최고 사령관이 참석하는 것은 어찌 보면 지극히 당연한 것인지도 모른다.

2015년 9월 25일 오후 미국 워싱턴 백악관에서 시진핑(習近平) 중국 국가주석과의 미·중 정상회담을 마친 버락 오바마 대통령은 오후 7시 백악관에서 열릴 국빈 만찬을 불과 4시간 앞둔 시간에 백악관을 떠났다. 백악관에서 차로 10여 분 떨어진 버지니아 주 알링턴의 포트마이어기지 였다. 마틴 뎀프시 합참의장의 전역식과 조지프 던퍼드 신임 의장의 취임식에 참석하기 위해서였다.

전역식에서 뎀프시 의장의 전역명령서는 그의 아들 크리스 뎀프시 육군대위가 읽었다. 목이 멘 채 울먹이는 목소리로 37년간의 군 생활을 마치는 아버지의 마지막 인사 명령서를 읽었다. 옆에는 뎀프시 의장과 부인 디니 여사를 비롯해 아들딸과 9명의 손자 손녀가 함께 있었다.

오바마 대통령은 특유의 엄숙하면서도 밝은 목소리로 뎀프시 의장의 애칭인 '마티'라는 호칭을 부르며 그가 군에 입문한 과정부터 소개해 나갔다.

"1970년, 18세의 고교생 마티(뎀프시) 집에 미 육사, 웨스트포인트 합격통지서가 날아왔다. 하지만 망설이던 마티에게 어머니 세라 여사는 '한번 도전해 보렴'이라고 말해 최고의 미국 군인이 탄생할 수 있었다. 미국 군을 위해 도와준 어머니에게 감사드린다."
는 말에 조용했던 행사장이 순식간에 환호와 박수로 뒤덮였다.

이어 오바마 대통령은 "마티가 조국에 헌신할 수 있었던 것은 무엇보다 가족들의 도움이 컸다. 고교 시절부터 사귀어 온 지금의 부인 디니는 늘 남편에 대한 격려와 배려로 군인 배우자의 표상이 됐다. 크리스, 메이건 등 아들들은 아버지의 뒤를 이어 육군이 됐다. 미국인들을 대표해 뎀프시 가족이 보여준 국가에 대한 헌신에 감사와 경의를 표한다."고 말하면서 부인과 가족들에 대한 존경을 표했다.

뎀프시 의장은 오바마 대통령의 말에 웃다가도 손수건으로 연신 눈물을 닦으며 감회에 찬 모습을 보였다. 오바마 대통령은 합참의장으로서 뎀프시 대장의 업적 또한 빼놓지 않았다.

그는 "내가 마티를 합참의장에 임명한 것은 그가 보여준 군에 대한 비전, 신뢰, 인격 때문이었다."면서 "마티, 당신은 나에게 언제나 돌려 말하지 않고 정직하게 조언하였고, 당신이 있었기에 아프가니스탄전쟁을 마치고, 이슬람국가(IS) 격퇴전을 치를 수 있었다"고 강조했다.

오바마 대통령은 전역하는 합참의장이 재임 시절 있었던 세세한 일화까지 얘기하면서 자신을 보좌해 준 최고 서열자에게 진심어린 경의를 표하고, 함참의장의 소중함과 가치를 새삼 일깨워 주었다. 오바마 대통령은 " 내 임기 중 상당 시간 함께 할 수 있어서 감사했고, 이제 전역하는 마티 당신을 내 친구라고 부를 수 있어 자랑스럽다"고 하면서 "그대가 보여준 헌신에 국가는 최고의 감사를 표한다."고 말을 마쳤다.

연단에 선 뎀프시 의장은 "백악관 회의 때 종종 군인으로서 할 말을 다 했는데 이를 받아준 오바마 대통령에게 감사드린다."고 했다. 그리고 그동안 자신의 의견을 경청해 준 군 최고사령관 대통령에 대하여 감사와 경의를 표했다.

행사가 끝나갈 즈음 평소에 노래 부르기를 좋아하는 뎀프시 의장은 대통령과 내외 귀빈이 보는 앞에서 그동안 생사고락을 함께 해온 장병들과 이별을 고하는 'The Parting Glass'라는 스코틀랜드 민요를 연병장 한가운데로 나가 군악대의 반주에 맞춰 불렀다. 이 노래는 친구들과의 작별을 고할 때 부르는 영국의 전통 민요다. 노래가 끝날 때 'Good Bye'라는 대목을 따라 부르는 장병들을 뒤로하고 가족들에게 다가가 부인과 손자, 손녀와 포옹하면서 전역식의 대미를 장식했다. 어느 영화보다도 감동적인 명장면으로 아직도 내 뇌리에 머물러 있다.

미국에서 합참의장 전역식에 대통령이 참석하는 것은 매번 있는 일이다. 물론 합참의장의 직속상관은 국방부장관이다. 그러나 대통령의 참석은 함창의장이 군복을 입은 군의 대표자라는 특수성이 있기에, 전체 군인을 존중하는 깊은 배려와 뜻이 담겨 있는 것이다.

지난 8월 20일 창군이후 처음으로 우리 대통령이 합참의장 이·취임식에 참가했다. 상당히 의미있는 모습이었다. 진정으로 군의 통수권자, 최고사령관이 군인을 대표하는 서열 1인자의 전역식에 참석하는 것이 한 번의 이벤트성 행사가 아니고 지속적으로 이어지는 의미있는 행사로 이어지기를 기대해 본다.

군함 진수식의 감동

레이건 항공모함에 백악관 오벌 오피스

핵추진 항공모함은 미국의 군사력을 대표하는 상징 중 하나다. 세계에서 이런 대규모의 항공모함 전력을 가질 수 있는 나라는 미국이 유일하다. 특히 그중에서도 우리나라 안보 상황에 바로 투입되는 항공모함은 미 7함대 소속의 로널드 레이건함이다. 일본 도쿄만 바로 아래 요코스카에 주둔하고 있는 이 항모는 한반도 유사시 불과 수 시간이면 우리 해역에 진입이 가능하다. 1998년 2월 건조에 착수해 2001년 3월 진수했으며, 2003년 7월에 실전 배치됐다. 약 45억 달러를 들여 건조한 세계에서 가장 큰 니미츠급의 초대형 핵추진 항공모함으로 길이가 332.8m, 폭 76.8m이며, 비행갑판의 면적은 축구장의 3배 크기에 해당하는 1만 8210m²에 달한다. A4W형 원자로 2기를 갖춰 최대 28만 마력의 동력을 내며, 한번 연료를 채우면 20년 동안 작전을 수행할 수 있다.

로널드 레이건 항공모함처럼, 미국의 항공모함에는 주로 역대 대통령 이름을 붙인다. 최근에 건조된 제럴드 포드를 포함해 조지 워싱턴, 에이브러햄 링컨 등이 있다. 지미 카터 대통령만 유일하게 잠수함에 이름이 붙여졌는데, 이는 잠수함 장교 출신인 본인이 특별히 요청해 그렇게 되었다고 한다. 워싱턴에서 근무하던 시절인 2003년 겨울, 해군연맹(Navy League) 행사에 참석할 기회가 있었다. 만찬 좌석 바로 옆에 화려한 이브닝드레스를 입은 나이가 지긋한 여성이 앉았는데, 그분이 작은 인형 하나를 선물로 주었다. 동물 인형이었다. 해군 수병들이 입는 세일러 복장과 왼쪽 가슴에 '로널드 레이건', 'CV76'이란 글자가 또렷했다. 이 인형은 레이건 항공모함을 위한 특별 기금 모금 행사에서 판매했던 기념품이란 설명을 해주면서, 개당 500달러에 판매하여 레이건함 후원 비용으로 많은 돈을 모금했다는 것이다. 본인이 모금 행사를 주관했던 사람이라고 소개하면서 모금 관련 이야기를 자세히 들려주었다. 아쉽게도 그 여성분의 이름은 기억이 나지 않는다. 하지만 레이건함의 스폰서(진수자)가 낸시 레이건 여사였고, 자기가 공동 스폰서(Co-Sponsor)라고 소개했던 것은 여전히 귀에 생생하다.

레이건 전 대통령은 자신의 이름을 딴 원자력 추진 항공모함을 건조한다는 소식을 듣고 매우 기뻐했다. 그래서 미 해군에 함장실을 본인이 대통령 시절 근무하던 오벌 오피스처럼 만들어 줄 것을 요청했다. 하지만 해군에서 책정된 건조 비용에 함장실을 특별하게 꾸밀 비용이 반영되어 있지 않아 어렵다는 의사를 전달받았다. 그러자 낸시 여사가 나섰다. 캘리포니아 자택 인근에 살던 친구에게 이 항공모함의 공동 스폰서가 되어 달라고 요청했던 것이다. 물론 낸시 여사도 스폰서였다. 그 친구는 사교계에 발이 넓고

돈이 많았다.

모금행사가 성공적으로 이뤄져 예상했던 금액을 훨씬 뛰어넘었다. 그 돈으로 함장실을 오벌 오피스 모양으로 꾸밀 수 있었고, 함장실 입구 통로와 회의실 일부까지 고급 가구로 장식할 수 있었다. 이후 3년여가 지난 뒤 내가 구축함인 문무대왕함 함장 시절에 바로 이 로널드 레이건 항공모함과 함께 연합훈련을 하게 됐다. 부산항에서 훈련 전 사전회의를 했는데, 미국 함장에게 함장실에 대한 에피소드를 말하자 맞다면서 함장실로 안내했다.

입구에서 이어지는 통로부터 고급 티크 나무로 장식되어 마치 대기업 회장실로 들어가는 기분이었다. 함장실은 배치와 구조가 오벌 오피스를 최대한 본떠 만들어져 있었고, 벽에는 레이건 대통령의 사진이 곳곳에 걸려 있었다. 함장실 한편에 낡은 책상이 하나 있었는데, 레이건 대통령이 기증했다고 한다. 캘리포니아 주지사 시절 사용했던 것이란다.

지금도 진수자인 낸시 여사와 친구는 이 항공모함의 스폰서로서 지속적인 관심과 후원을 아끼지 않는다는 말도 전해줬다. 참 놀라운 얘기였고, 부러워하지 않을 수 없었다. 자신의 이름이 붙은 군함에 대한 자랑스러움은 아무나 가질 수 없는 특별한 일이다. 그런 군함의 진수자, 스폰서가 된다는 것 또한 영광스럽고 명예로운 일이다. 그래서 강한 애착을 가지고 군함에 대한 꾸준한 후원을 하게 되는 것이다. 자신의 이름이 붙은 군함의 함장실을 대통령 집무실과 같이 꾸며 달라는 요청, 모금을 통해 그 비용을 지원해 주는 노력, 그리고 진수자(스폰서)가 항공모함의 영원한 승조원 자격으로 함께하는 모습 등 하나하나가 다 민간과 군의 유대를 튼튼하게 만들어 주는 연결 고리였다. 안타깝게도 정작 레이건 대통령은 이 함정이 완성되어 작전에 투입되기 직전에 사망해 함장실을 보지 못했다고 한다.

군함 진수식의 가치와 의미

2017년 9월, 해군의 9번째 214급(1800t급) 잠수함인 신돌석함 진수식이 열렸다. 진수자는 해군참모총장 부인이었다. 대한민국의 잠수함으로 부활한 신돌석은 을미사변 이듬해인 1896년 100여 명의 의병을 모아 일제에 맞서 싸운 경북의 대표적 항일 의병장이다. '태백산 호랑이'로 불렸던 그는 1905년에 을사늑약이 체결되자 3000여 명의 의병을 지휘하며 일제의 만행에 항거해, 울진 장흥관 기습전투에선 일본군선 9척을 격침시키는 공을 세웠다. 그의 정신을 기려 잠수함 이름을 신돌석함으로 지었다. 평민 이름의 해군 함정은 이번이 처음이었다. 신 의병장이 나라가 위기에 닥쳤을 때 기개를 떨쳐 조국을 수호했듯, 신돌석함이 북핵으로 위기를 맞고 있는 한반도의 영해를 군

건히 지켜주기를 고대하는 염원이 담겨 있다.

많은 사람들이 궁금해 한다. 과연 언제부터 진수식이 시작되었을까. 과거 미국에서 중고 군함을 얻어다 쓰던 시절에는 당연히 진수식이라는 것을 할 수 없었다. 진수식이라는 것이 공식적으로 이뤄진 시기는 1980년 4월 8일 진수한 울산함을 자체 건조하면서부터다. 울산함 진수자는 우리나라에서 만든 첫 번째 전투함이라는 상징성 때문에 당시 최규하 대통령의 부인 홍기 여사였다. 이후 많은 한국산 군함이 건조되고 있으며, 진수식은 군 고위 인사와 정부 고위급 관리의 부인들이 주로 초청되어 진행되고 있다. 1996년 10월 28일 한국산 구축함인 광개토대왕함이 진수되면서, 그동안 주로 특별시나 기타 시도 또는 산 등 지명을 붙이던 것과 달리 사람 이름을 사용하기 시작했다. 특히 잠수함은 장보고함을 시작으로 전부 사람 이름을 붙였다.

군함에도 일정한 기준과 규칙에 따른 나름의 작명법이 존재한다. 우리 해군의 경우 잠수함을 잡는 구축함은 영웅으로 추앙받는 왕이나 장수 등의 호국 인물의 이름을 주로 사용하고 있다. 광개토대왕함, 을지문덕함, 양만춘함, 충무공이순신함, 문무대왕함, 대조영함 등이 대표적인 예이다. 구축함 중 해군이 3척을 보유하고 있는 최첨단 이지스함의 함명은 세종대왕함, 율곡이이함, 서애류성룡함이다. 각종 공격으로부터 함대를 방어하는 호위함은 광역시·도 명칭을 사용하고 있고, 연안 해상을 경계하는 초계

△ 항일독립투사 유관순열사의 이름을 붙인 잠수함, 유관순함의 진수식. 호국 영웅의 이름을 잠수함에 계속 명명하고 있다.

함은 중소도시 이름을 쓴다. 잠수함에도 고유의 이름이 붙는데, 209급(1200t급) 잠수함은 장보고, 최무선, 이천, 나대용 등 통일신라시대부터 조선시대에 이르기까지 바다에서 공을 세운 인물들의 이름을 사용했다. 그 후 214급(1800t급)은 해군 초대 참모총장 손원일함, 3번함부터는 안중근함, 류관순함 등 항일독립운동가의 이름을 함명으로 활용하고 있다. 해군이 최신에 잠수함 9번함을 '신돌석함'으로 명명한 것도 이런 연유에서다.

우리나라 군함 진수식은 새로운 군함의 이름이 선포되고, 진수자가 황금색 도끼로 로프를 절단하면 연결된 샴페인이 배에 부딪치면서 기적이 울리고 축포가 발사된다. 진수식에서 사용된 황금색 도끼는 기념 선물로 진수자에게 주어진다. 근래에는 '부정청탁 및 금품 등 수수의 금지에 관한 법률(일명 김영란법)'로 인해 진수자에게 주지 못한다고 한다.

대부분의 나라에서는 군함뿐만 아니라 일반 선박이 건조될 때도 진수식 행사를 한다. 진수식을 명명식(Christening)이라고도 한다. 육지에서 건조를 마친 배가 뱃고동을 울리며 미끄러지듯 입수하는 것이 진수식이다. 거대한 배를 처음 바다에 띄우는 '진수식'의 역사는 매우 오래됐다. 진수식의 하이라이트는 주빈으로 초청된 여성이 직접 샴페인을 배에 내리치거나, 샴페인을 줄에 매달아서 뱃머리에 부딪쳐 깨뜨리는 것이다. 역사적으로 진수식은 마치 종교의식과 비슷했다. 세례식이나 침례의식과 유사하게 성수나 특정한 물을 이용하여 뱃머리에 부음으로써 배의 안녕을 기원하여 왔다. 오늘날에도 마찬가지다. 주로 사용되는 것은 샴페인이지만, 때때로 물이나 위스키를 사용하기도 한다. 그런데 이 성수나 샴페인 등을 뿌리는 행사의 주인공은 거의 대부분이 여성이라는 특징이 있다.

여기에는 이유가 있다. 옛날에는 배도 작고 항해 기술도 발달하지 못해 거친 바다에서 사고가 잦았다. 그래서 배가 바다로 나아갈 때는 자연의 위력 앞에 한없이 나약한 인간의 안전을 기원하는 의식을 치렀다. 이 제사에는 신이 좋아하는 제물을 올렸다. 특히 신을 남성으로 인식했던 때문인지 주로 여성을 제물로 삼았다. 우리나라 〈심청전〉의 심청이가 그 좋은 예다. 중국을 왕래하는 상인들이 바닷길 안전을 위하여 용왕님께 바칠 제물을 찾던 차에 심 봉사의 눈을 뜨게 하려는 심청이를 선택한 것도 바다의 신에게 여성을 제물로 바치는 관습에서 비롯된 것이라 할 수 있다.

'백일홍'이란 꽃에 담긴 사연도 이와 관련이 있다. 목이 셋이나 되는 바다의 괴물(이무기)에게 해마다 처녀를 제물로 바쳤다. 처녀를 구하기 위하여 이무기를 처단하고자 한 용사가 바다로 나갔고, 용사는 승리하면 흰 깃발을, 실패하면 붉은 깃발을 배에 달고 돌아오겠다고 했다. 용사는 이무기를 처단하고 흰색의 깃발을 올리고 돌아오고 있었다. 그런데 치열한 싸움에서 피를 흘려 흰 깃발에 붉은색 피가 물들어 있었다. 처녀는 용사가 실패해서 붉은 깃발을 단 것으로 착각했다. 그리하여 용사가 죽은 줄 알고 자결하고 말았다. 이후 처녀의 무덤에는 용사의 무사 귀환을 빌며 100일간 정성을 다해 기도하던 처녀의 넋이 꽃으로 피어났는데, 이 꽃을 백일홍이라 불렀다는 전설이다. 이 외에도 성서에 숫송아지, 숫양, 숫염소 등으로 번제를 올렸다는 기록이 많이 나온다.

일설에는 바다의 신에게 황소 피를 바쳐 안전을 기원하다가 바이킹 시대부터는 뱃머리에 병을 깨뜨리는 것으로 대신했다고 전해진다.

프랑스의 경우는 18세기와 19세기 초부터 진수식이 시작됐다. 진수식은 마치 결혼식이나 세례식과 유사하다. 대부(Godfather)와 대모(Godmother)가 함의 이름이 새겨진 양쪽 편에 꽃다발(부케)을 놓고 성수(Holy water)를 뿌리며 함 이름을 낭독한다. 샴페인 병을 깨뜨리는 의식은 없었다. 영국은 오래전부터 샴페인을 이용한 진수식을 종교의식 수준으로 진행해 왔다. 2014년 7월 새로 건조된 항공모함인 HMS 퀸엘리자베스(Queen Elizabeth)함을 진수할 때는 샴페인 대신에 스코틀랜드에서 건조했던 관계로 아일레이(Islay) 섬에서 정제된 보모어(Bowmore)산 싱글 몰트 위스키를 사용했다. 이 외에도 영국은 가끔씩 샴페인 대신 스코틀랜드 싱글 몰트 위스키를 사용하기도 한다. 일본의 경우는 바다의 악마를 내쫓고 행운을 기원하는 의미에서 배에 연결된 밧줄을 특별히 제작된 도끼로 자르는 행사를 한다. 조선소에서는 이 도끼를 선주에게 기념 선물로 준다.

미국에서는 진수식의 주인공이었던 여성을 군함의 후원자라는 의미로 스폰서(Ship sponsor) 또는, 대모로 부른다. 스폰서는 단순히 진수식 행사에서 샴페인 병을 깨는 것으로 끝나는 것이 아니다. 진수된 이후 그 군함이 존재하는 한 함께한다. 그래서 이 진수자는 영원히 이 배의 승조원의 자격이 유지되고 군함에서 하는 각종 행사에 초대된다. 배의 안전 항해를 위해 정신적으로 후원하는 진정한 어머니 같은 존재가 되는 것이다. 그렇기에 진수자를 선정할 때는 군함과 연관된 여성을 찾아 그 의미를 부각하고, 군함과 국민 간의 유대를 강화하고자 많은 노력을 기울인다.

미국의 기록상 첫 번째 진수자는 1827년 군함 진수식에 등장하지만 그 여성 이름이 기록되어 있지 않다. 1842년 필라델피아 해군 조선소에서 건조한 전투 범선 저먼타운(Germantown)함 진수식엔 필라델피아 저명인사의 딸인 라비니아 왓슨(Lavinia Fanning Watson)이 와인병을 뱃머리에 부딪쳐 깨는 진수자로 등장했다. 샴페인이 사용되기 시작한 것은 1890년 11월 18일 미 해군의 첫 번째 철제 전투함인 메인(Maine)함 진수식에서였다. 진수자인 해군성 장관의 손녀(Tracy)가 샴페인을 사용한 이후 일반화 되었다. 그러나 금주령이 내려진 시기에는 알코올이 함유된 음료를 사용할 수 없었다. 당시에 건조된 순양함 펜서콜라 앤드 휴스턴 (Pensacola and Houston)은 물로 하였고, 잠수함 V-6함은 사이다가 샴페인을 대신했다. 샴페인이 다시 사용된 것은 1922년 경순양함 트렌턴(Trenton)진수 때부터였다. 단 이 샴페인은 진수식용으로만 허용됐다.

미국 해군에서는 역사적으로 군함의 진수식을 매우 뜻깊고 성스러운 행사로 여긴다. 진수식은 군함 건조 초기에 하는 일회성

△ 미 수송사령부 군수지원함 채프맨(Chapman)진수식. 이라크전에서 전사한 공군특수부대 중사 채프맨의 이름을 붙였다. 부인과 두 딸이 진수자로 나와 많은 참가자들이 함께 감격의 눈물을 흘렸다.

이벤트가 아니다. 국민의 세금으로 만들어지는 군함이 국가 이익과 국민 안전의 든든한 버팀목이 되어 주기를 바라는 국민의 열망을 담는 의미 있고 성스러운 행사로 진행된다. 그렇기에 진수자는 그 의미에 합당한 여성을 찾느라 신중을 기한다. 군함과 연관되어 그 가치를 선양할 수 있는 사람, 진정으로 군함이 존재하는 동안 함께할 수 있는 사람 중에서 고른다. 심지어는 이름을 붙일 만한 사람의 몇 대 후손까지 찾아 나서기도 한다. 미 해군성 장관으로부터 초청을 받은 진수자 여성은, 전통에 따라 미국 역사에 기록되는 진수식 행사의 주인공으로서 미합중국을 대표해서 이 배를 명명하고, 진수한다고 선포한다. 군함이 운명적으로 감당해야 할 국가안보를 위한 첫 항해이기에 격조 있는 의식으로 진행된다.

2011년 5월 7일 미 최신예 구축함 마이클 P 머피(Michael P. Murphy)함이 진수됐다. 미 해군 특수부대인 네이비 실(Navy Seal) 대위 마이클 머피의 이름을 새긴 것으로 그의 35번째 생일에 진수식 행사를 거행했다. 그는 2005년 아프가니스탄에서 탈레반 소탕 작전을 벌일 때 특수부대 팀을 이끌었던 장교로 작전 중에 전사했으며, 명예훈장이 수여된 군인이다. 진수식 날 미 해군참모총장은 축사를 통해 이 구축함은 마이클 대위의 정신과 고귀한 가치를 계승할 것이라고 역설하면서 같은 제복을 입은 사람으로서 자랑스럽다고 했다. 하지만 모든 사람이 주목한 사람은 진수자인 마이클 대위의 어머니 머레인 머피 여사였다.

"나는 진정으로 자랑스럽고 명예스럽습니다. 내 아들이 국가를 위해 희생한 것을 잊지 않고 기억해 주는 것에 감사하고 내 아들이 다시 이 구축함으로 환생해 국가를 위해 일한다는 것에 무한한 영광을 느낍니다." 참석한 모두가 뜨거운 박수를 보냈다.

2005년 나는 우리나라 안보와도 관련된 미국 수송사령부의 군

수 지원함 진수식에 참석했다. 이날은 미 공군 특수부대 중사로 이라크전에서 전사한 공군 중사(Chapman)의 이름이 명명되는 진수식이었다. 이날의 진수자는 젊은 부인과 두 딸이었다.

"죽은 줄만 알았던 제 남편이 이 배로 다시 태어난 것에 대하여 무한한 자랑스러움을 느낍니다. 앞으로도 우리 미국의 안보를 위해 계속 살아서 활약한다고 생각하니 저는 생전의 남편을 사랑했던 것만큼 이 배를 사랑하고, 이 배와 영원히 함께할 것입니다."

부인은 이렇게 진수식 연설을 하면서 슬픔이 아닌 감격의 눈물을 흘렸다. 이 모습을 보고 내 가슴에도 큰 파도와 같은 감동이 밀려왔다. 해군문화의 대표적인 행사인 진수식에 대해 다시 깊은 생각을 하게 됐다. 진정으로 국가를 위해 헌신한 사람들에 대한 예우, 이들의 헌신과 희생정신에 대한 계승, 민과 군이 진정으로 함께하는 행사를 통해 군대문화의 의미와 가치를 되새겨 보는 계기였다.

강한 군대를 위한 비전

군대는 싸우면 반드시 이기는 강한 조직이 되어야 한다. 군대문화는 승리하는 조직을 만들고 유지하기 위한 무형적, 유형적인 가치의 결합이다. 문화의 핵심은 사람이다. 구성원들의 생각과 행동이 집단문화를 형성하는 중요한 요소라는 것은 두말할 나위 없다. 최근 들어 군대문화와 군대 내의 인권 문제에 대하여 많은 이야기를 한다. 당연히 군대 내에서 모든 장병의 인권은 지켜져야 한다.

그러나 군대에서는 인간으로서 존중받아야 할 기본적인 인권적 가치가 일반 사회와는 조금은 다르게 적용되는 경우가 생긴다. 항상 위험한 무기를 손에 쥔 조직으로서, 늘 긴장된 가운데 적과 싸우는 전투 임무를 대비해야 하는 특수 조직이기 때문이다. 자칫 개인의 판단 실수로 커다란 재앙이 될 사고가 발생할 수 있는 위태로운 조직이기에, 다른 어떠한 조직보다도 강력한 규율과 조직 기강이 필요하다.

예로부터 승리하는 군대는 엄격한 군율에 의하여 통제되어 왔다는 것은 역사가 증언하고 있다. 군율은 일반 법률과는 차이가 있다. 국민의 권리와 복지를 위해 존재하는 법률은 모든 국민의 권익을 보호하고, 공평한 법 적용이라는 기본 특징을 지닌다. 반면에 군율은 군인의 복지를 우선으로 둔 것이 아니라, 군대가 전쟁에서 승리하기 위한 규율이다. 그렇기에 지휘 계통을 무시하거나 정당한 명령을 어길 경우에는 단순한 벌금, 구속 정도가 아니라 전시에는 현장에서 사형도 가능한 무섭고 냉정한 것이 군법이고 군율이다.

부하들을 아끼고 한량없는 사랑을 베풀었던 충무공 이순신 제독도 군율을 집행하는 대목에서는 아주 냉정했다. 충무공은 공과 사의 엄격한 구분, 끊임없는 교감과 신뢰를 바탕으로 백성들과의 공생 관계를 유지, 내부적으로는 엄격한 기강을 세움으로써 수많은 해전에서 연전연승할 수 있었다.

남북이 군사적 긴장 상태를 유지하고 있는 현재 상황 속에서 우리 군대는 신뢰받는 강한 조직으로 재탄생되어야 한다. 정신 무장만을 강요한 일본 군대가 내부 가치가 확고하게 정립된 미국 군대에 당할 수밖에 없었던 교훈을 잊지 말아야 한다.

맥아더 장군의 어록 중에 "군대에서 민주주의란 없다." 라는 말이 있다. 민주군대란 군대문화가 민주화된 군대라는 것이 아니라, 민주주의를 수호하기 위해 존재하는 군대가 민주군대라는 것이다. 그러나 엄정한 군기강을 지향한다는 미명 아래 장병의 권익이 희생을 당해서는 결코 안될 일이다.

나는 이 책을 통해 38년 동안 몸담았던 조직문화 즉 군대 문화에 대한 생각을 아는 것만큼 정리해 보았다. 미국 등 다른 나라와의 비교를 통하여 우리가 새롭게 생각해 봐야 할 문화와 가치에 대하여 두서없이 늘어놓았다. 군대는 무엇보다 중요한 국가의 핵심 조직이기에 부족하지만 감히 펜을 든 것이다. 빠르게 변화하는 시대의 상황에서 싸우면 항상 이기는 강한 군대로 거듭나기를 바라는 소망을 담은채…

군대는 무엇보다 명예를 소중히 여겨야 하고, 이를 통해 가장 신뢰받는 조직으로 거듭나야 한다는 소신을 갖고 있다. 그것이 강한 군대를 만드는 시작이자 끝이다. 여기에 가치 중심적인 군대 문화 혁신이 이루어진다면 강군을 만들기 위한 혁신성장은 급속히 이루어질 것이다. 자신 있게 군복을 입고, 강한 전투력이 용솟음치는 군인들이 국민들로부터 존경받는 모습을 기대해 본다.

대한민국 군대를 말한다

지은이 | 김진형

초판 1쇄 발행 | 2017년 11월 23일

펴낸이 | 신난향
편집인 | 박영배
펴낸곳 | (주)맥스교육(맥스미디어)
출판등록 | 2011년 08월 17일(제321-2011-000157호)
주소 | 서울특별시 서초구 논현로 83 삼호물산빌딩 A동 4층
전화 | 02-589-5133(대표전화)　팩스 | 02-589-5088
홈페이지 | www.maksmedia.co.kr

기획 · 편집 | 이준석
디자인 | 유지현
영업 · 마케팅 | 김형욱, 김용환
경영지원팀 | 장주열
인쇄 | 천일문화사

ISBN 979-11-5571-537-6 03300
정가 15,000원

* 이 도서의 국립중앙도서관 출판예정도서목록(CIP)은 서지정보유통지원시스템 홈페이지(http://seoji.nl.go.kr)와 국가자료공동목록시스템(http://www.nl.go.kr/kolisnet)에서 이용하실 수 있습니다. (CIP제어번호: CIP2017030235)

4